W0300424

WOLFGANG BERGMANN

AD(H)S in der Schule

Wie Eltern ihren Kindern helfen können

BELTZ kinder kinder

Liebe Eltern,

die gute Nachricht vorweg: Sie können Ihrem AD(H)S-Kind helfen, sein Leben zu bestehen und eine gute Zukunft vorzubereiten. Ganz konkret. Dieses Buch wird Sie dabei mit vielen Informationen und Vorschlägen (und ein wenig Theorie) unterstützen.

Ich werde zuerst erläutern, was sich hinter dem merkwürdig schillernden Etikett AD(H)S verbirgt, wie aussagekräftig diese Diagnose überhaupt ist und wie sie einzuordnen ist. Anschließend wenden wir uns ausführlich der Frage zu, wie Sie mit Ihrem Kind richtig umgehen. Und zwar so, dass es seine »AD(H)S-Symptome« vielleicht nicht mehr »braucht«, zumindest werden seine Verhaltensprobleme deutlich zurückgehen. Zuerst in der Familie. Danach wird sich der Erfolg auch in der Schule einstellen.

Ich habe den Ansatz, den ich in diesem Buch vorstelle, in meiner therapeutisch-beratenden Praxis über viele Jahre mit Erfolg erprobt. Allerdings, nichts ist einfach! Sie benötigen viel Geduld und viel Liebe dafür. Am Ende wird sich beides freilich auszahlen. Für Ihr Kind zuallererst, aber für Sie und die ganze Familie auch.

Um den AD(H)S-Symptomen wirkungsvoll zu begegnen, müssen Sie zunächst wissen, **warum** Ihr Kind ein solch anstrengendes Verhalten zeigt.

Einfach wegtrainieren kann man Verhaltensprobleme nämlich nicht. Sie werden sehen, dass es sich meistens um tief gehende seelische Störungen handelt. In aller Regel beginnen sie in der frühen Kindheit. Die Konzentrationsstörung und die Lernschwächen, die Ihrem Sohn oder Ihrer Tochter in der Schule zu schaffen machen, haben sich daraus entwickelt.

Deshalb gehe ich zunächst auf die Frage ein, was »ADS mit und ohne Hyperaktivität« eigentlich genau heißt. Dabei stoßen wir auf ein enormes Chaos der psychiatrischen und psychologischen Diagnosen. Wenn Sie ein AD(H)S-Kind zu Hause haben, ist Ihnen das vermutlich längst bekannt.

Danach gehen wir auf die seelischen Ursachen der Verhaltensschwierigkeiten ein. Sie werden merken, dass Ihnen allein das Wissen um das »Warum« der Probleme weiterhilft.

Es macht einfach einen großen Unterschied, ob Sie vor bestimmten nervigen und manchmal aufreibenden Verhaltensweisen Ihres Kindes verständnislos stehen und sich verzweifelt fragen: »Warum ist dieser Junge/dieses Mädchen so, was haben wir falsch gemacht?« – oder ob Sie zumindest in großen Zügen verstehen, was den Kleinen oder die Kleine in solch heftige Gefühlsausbrüche, in so viel Hektik und Traurigkeit getrieben hat.

Kurzum, geduldiges Verstehen ist der erste Schritt zur guten erzieherischen Hilfe. Danach zeige ich Ihnen eine Reihe von richtigen Verhaltensweisen beim Lernen und auch sonst im Alltag – am Beispiel von Lernspielen und von Alltagssituationen, die für Sie und Ihr Kind oft konfliktreich sind.

Was ist AD(H)S?

Es ist unklar, ob es ein einheitliches »Krankheitsbild« AD(H)S überhaupt gibt. Sicher ist hingegen, dass die Diagnose – oder der Verdacht – viel zu häufig und oft leichtfertig geäußert wird. Aber die Symptome – also die Auffälligkeiten der Kinder – sind unübersehbar.

Eine Ursache: Schule ist langweilig

Sie rutschen auf ihren Stühlen hin und her, ihre Konzentrationsdauer ist deutlich geringer als die anderer Kinder. Nun müssen wir gleich hinzufügen, dass in unseren staatlichen Schulen Kindern eine zeitliche Konzentration abverlangt wird, die sie unter keinen Umständen aufbringen können. Neurobiologisch gilt heute übereinstimmend, dass 6-Jährige sich maximal 15 Minuten auf eine Sache konzentrieren können – und keineswegs 45 Minuten. Bei 9-Jährigen sind es etwa 20 Minuten, bei 11-Jährigen 30. Die volle Leistungsfähigkeit erreicht unser Gehirn bei Anforderungen an Selbstregulation und Arbeitsgedächtnis erst nach dem 20. Lebensjahr.

Unsere Schulen verlangen von Kindern eine zeitliche Konzentration, die sie nicht aufbringen können.

So viel zum Trost für viele Eltern, denen die »Unkonzentriertheit« ihres Kindes vorgehalten wird. Möglicherweise handelt es sich gar nicht um eine seelische Störung, auch nicht um ein Verhaltensdefizit, sondern um eine unglückliche Folge der Ahnungslosigkeit, die Grundschuldidaktiker und Kultusbürokratien an den Tag legen. Sie setzen Aufmerksamkeitsspannen voraus, die kein Kind – nicht nur Ihres! – aufbringen kann.

Manche Kinder verbergen ihre Langeweile und Ablenkung besser als andere, manche reagieren verträumt, und andere werden auffällig. Dazu gehört vermutlich auch Ihr Kind – aber was hat das mit AD(H)S zu tun?

Aber Schule erklärt nicht alles

Gehen wir einmal davon aus, dass Ihr Kind eine deutlich geringere Konzentrationsfähigkeit aufweist, als sie bei Kindern seines Alters »normal ist«. »Konzentration« ist allerdings ein sehr abstrakter Begriff, »Aufmerksamkeit« auch. Wir werden nachher noch sehen, dass sich gerade die sog. AD(H)S-Kinder auf bestimmte Sachen, die sie interessieren, ganz hervorragend konzentrieren können. Dann ist von einem Aufmerksamkeitsdefizit nichts mehr zu sehen. Nur wenn sie desinteressiert sind, wenn die Dinge sich, wie oft im Unterricht, allzu regelmäßig, »normativ« und endlos lang hinziehen, dann werden sie auffällig.

Aber AD(H)S-Kinder fallen in mehr als einer Hinsicht auf. Häufig wird der Schule allzu einseitig die »Schuld zugeschoben«. »Mit der Schule fing alles an« – davon sind Mutter und Vater eines unruhigen Kindes fest überzeugt. Aber nach gezieltem Weiterfragen eines Therapeuten oder Beraters ändert sich das Bild. Ach ja, da war ja auch das Gespräch mit den Erzieherinnen, die sich Sorgen um den Jungen machten. Er könne kaum mit anderen spielen, wenn er nicht im Mittelpunkt stehe, er sei unruhig und laut, wenn sich nicht alles um ihn drehe – richtig, das hatten die damals auch schon gesagt.

AD(H)S-Kinder fallen in mehr als einer Hinsicht auf.

Die Anzeichen einer Verhaltensstörung zeigen sich fast immer sehr früh, spätestens im Kindergarten. Mit der Schule brechen die bis dahin noch irgendwie »integrierbaren« Defizite aber mit Macht auf – das hat nun mit dem geschilderten übermäßig geregelten Charakter von Schule zu tun. Nein, Schule ist nicht schuld, aber sie hilft auch nicht: Schlimmer, sie gibt den Verhaltensproblemen eine ganz eigene Dynamik, die weder Eltern noch Pädagogen zuletzt noch beherrschen können.

Die Anzeichen einer Verhaltensstörung zeigen sich fast immer schon sehr früh.

Schauen wir bei diesen Kindern also nicht nur auf das störende Verhalten im Unterricht oder bei den Hausaufgaben. Sondern:

1. Schauen wir auf die Art, wie sie sich im Raum bewegen. Auch da fallen sie auf. Sie bewegen sich sehr schnell, und ori-

entieren sich trotzdem unsicher im Raum. Sie bleiben an allen Ecken und Enden hängen, rempeln Menschen und Dinge an, weil sie sie buchstäblich nicht wahrgenommen haben. Sie wirken dabei aufdringlich und rücksichtslos, ihr Verhalten ist für Außenstehende kaum nachvollziehbar.

2. Dieselben Kinder haben oft sogenannte »auditive Wahrnehmungsverarbeitungsstörungen« – heißt zu Deutsch: Sie hören, oft sehr hellhörig, alles und nichts. Sie nehmen das Schwirren eines Vogels, der vor dem Fenster vorbeifliegt mit derselben Intensität wahr, wie das Flüstern in der hinteren Ecke des Klassenzimmers und das Plappern des Tischnachbarn, alles übertönt von der Stimme der Lehrerin. Das erzeugt Turbulenzen in ihrem kleinen Kopf, einander überlagernde Stimmen, Laute fast ohne Sinn und Verstand – und manchmal brüllen sie dann selber los: »Es ist viel zu laut hier!« Und bekommen natürlich zur Antwort: »Na, du musst grad' reden, du bist doch am lautesten.«
3. Sie haben Schwierigkeiten, Zusammenhänge zu erfassen. Sie nehmen immer nur Details, Einzelheiten zur Kenntnis. Aber das Ganze einer Situation oder auch eines Textes geht ihnen verloren, beim Lernen ebenso wie beim Spiel. Alles und jedes fällt und stürzt ungemindert in sie hinein und kann nicht verarbeitet oder – psychologisch gesagt – »integriert« werden.

So entsteht ein merkwürdig widersprüchliches Verhalten: Diese Kinder sind hochsensibel, bemerken feinste Veränderungen etwa in der Atmosphäre einer Schulklasse oder am Abendbrottisch zu Hause, können sich aber kaum an Zusammenhänge erinnern, begreifen die Dinge nicht oder selten als **Ganzes**. Deshalb verstehen sie viele Anweisungen auch nicht und werden deshalb als trotzig oder widerspenstig eingestuft. Am besten ist es, wenn Eltern sich vor Augen halten, dass im Kopf ihres ADS-Kindes

Eltern sollten bedenken, dass im Kopf ihres ADS-Kindes ein wildes Durcheinander tobt.

unaufhörlich ein wildes seelisches und sinnliches Durcheinander tobt.

Kein Wunder, dass diese Kinder kein stabiles Selbst entwickeln, dass sie wenig Selbstwertgefühl, wenig Vertrauen in sich selbst und in andere haben. Sie sind »verstört« im direkten Wortsinn – fast alles stört und behindert sie, weil sie sich selbst und die Menschen und Dinge um sich herum so wenig begreifen.

So, jetzt haben wir schon ein etwas präziseres Bild jener Verhaltensauffälligkeiten, die als AD(H)S beschrieben werden. Aber »haben« sie AD(H)S?

In sehr schwerer Form, die auch neurophysiologische und andere somatische Ursachen haben kann, zeigen sich diese Verhaltensprobleme nur relativ selten. Sie betreffen etwa 1,5 bis 2 Prozent der Kinder. Die Zahl der Diagnosen ist aber in den letzten zwölf Jahren um das fast 200-Fache gestiegen. Wie erklären wir das?

Voreilige Diagnosen

Das erklären wir mit dem Übereifer mancher diagnostizierender Kinderärzte und/oder Psychologen! Bei Kindern mit AD(H)S, wie sie heute in den Medien – oft reißerisch aufgemacht – geradezu vorgeführt werden, handelt es sich immer um solche, die unter einer **schweren Verhaltensstörung** leiden. Dieses verdüsterte Bild von unruhigen und ungezogenen Kindern hat uns alle übersensibel gemacht.

AD(H)S Kinder, wie sie in den Medien manchmal regelrecht »vorgeführt« werden, leiden meistens unter einer sehr schweren Verhaltensstörung.

So vermuten nicht nur Lehrer und Erzieherinnen, sondern auch viele Eltern oft eine AD(H)S, wo pure Unlust, unzureichende Erziehung (Stichwort Verwöhnung/oder Vernachlässigung) oder einfach ein impulsives Temperament, mit dem das Kind schon auf die Welt gekommen ist, vorliegt. Zwischen Charaktermerkmalen und Verhaltensstörungen müssen wir aber unbedingt genau unterscheiden. Eben dies findet bei der AD(H)S-Diagnose oft nicht statt.

Häufige vorlaute Bemerkungen im Unterricht, ein Wutausbruch auf dem Schulhof, möglicherweise noch eine Trotzphase zu Hause – und schon redet alle Welt von AD(H)S. Der Übereifer von Pädagogen und Psychologen und Ärzten ist daran schuld, sagte ich. Aber das ist nicht die einzige Ursache. Es liegt auch daran, dass dieses Etikett AD(H)S die unterschiedlichsten Störungen von tief greifenden Verhaltensstörungen bis zu schlichtem unangepasstem Verhalten umfasst – das Etikett besagt wenig und alles. Darauf fallen wir Lehrer, wir Eltern, wir Ärzte immer wieder herein.

Bei der großen Menge der Kinder, die heutzutage von Kinderärzten, Psychiatern oder Psychologen als »AD(H)S-Kinder« eingestuft werden – ihre Zahl liegt bei über 600.000 im Jahr –, müssen wir also einige klare Unterscheidungen einführen. Die etwa ein bis zwei Prozent der Kinder, die unter einer schweren AD(H)S-Störung leiden, sind schon in frühem Lebensalter auffällig.

Beispiel: Ein kleiner Junge, der in dieser eng umschriebenen Form »hyperaktiv« ist, braucht auf dem Spielplatz keine drei Minuten, schon hat er alle Kinder gegen sich aufgebracht. Buchstäblich in Sekundenschnelle macht er sich zum Außenseiter. Er wirft mit Sand oder herumliegenden Schäufelchen nach anderen Kindern, schubst und drängelt sie, wirkt aufdringlich, und dann – ganz abrupt – zieht er sich in resignierte Aggressivität zurück, um gleich darauf dasselbe Drama von Aggression, Bindungssuche und Ablehnung wieder von vorne zu beginnen. Sein Verhalten ist kaum nachzuvollziehen.

Bei allenfalls zwei Prozent der Kinder müssen wir von einer Persönlichkeitsstörung dieser Art ausgehen. Und was ist mit den anderen aus der rasch wachsenden Vielzahl von diagnostischen Zuschreibungen?

Die psychiatrischen Diagnosen geben bei allem Bemühen um »Differenzierungen« und Untergruppierungen dazu wenig Auskunft. Die wichtigsten Kriterien finden Sie auf den Seiten 17 und 18 weiter unten aufgeführt. Viel wichtiger als formale diagnostische Leitlinien ist aber die liebevolle Beobachtung durch die Eltern. Viel ausschlaggebender als das Nachzählen von Kriterienpunkten ist die »Prognose«, also die Frage, ob dieses Kind trotz allem ein glückliches und erfolgreiches Leben haben kann. Das aber hängt ausschließlich davon ab, wie Eltern (und Lehrer) mit seinen Schwierigkeiten umgehen.

Viel wichtiger als diagnostische Leitlinien ist die liebevolle Beobachtung durch die Eltern.

Schreckgespenst AD(H)S
Im März 2009 veröffentlichte das DAK-Magazin die Zahlen einer Umfrage »Fit für Leben – Kindergesundheit 2009« die die DAK zusammen mit der Zeitschrift »Eltern« unter mehr als 1.000 Eltern durchgeführt hatte. Es stellte sich heraus, dass Eltern bei »normalen« Kinderkrankheiten insgesamt relativ gelassen reagieren, es aber als größte Bedrohung empfinden, dass ihr Kind unter einer Aufmerksamkeitsstörung AD(H)S leiden könnte. Auf einer »Angstskala« rangierte AD(H)S damit noch vor Asthma, Diabetes, Neurodermitis und Übergewicht.

Die AD(H)S-Diagnose ist also keine **erklärende Diagnose** in dem Sinn, wie etwa der diagnostische Befund einer Herzinnenhautentzündung lang anhaltende Erschöpfung und Atembeschwerden erklärt. Sie hat keinen oder einen höchst unzureichend **ursachenspezifischen** Charakter. Das müssen Eltern wissen.

Ich werde im Folgenden einen knappen Überblick über die offiziellen diagnostischen Kriterien geben und darauf eingehen, wie sich die psychologischen und psychiatrischen Diagnosen und Erklärungen entwickelt haben.

Was Sie über AD(H)S wissen sollten

Zur Biologie und Diagnostik der AD(H)S

In der psychiatrischen Literatur wird durchaus gesehen, dass die Diagnose der hyperkinetischen Störung, wie es in dem zweiten Klassifikationssystem, dem ICD-10 heißt, überaus kompliziert ist, die Abgrenzungen gegenüber anderen Störungsbildern sind schwierig und fließend. Dies gilt für beide großen Klassifikationssysteme, die sich nur geringfügig unterscheiden.

»Hyperkinetische Störungen«, also Störungen des Sozialverhaltens und Aufmerksamkeitsschwäche (im DSM-IV diagnostisch noch einmal unterteilt), können Folge von unspezifisch autistischen oder tief greifenden Entwicklungsstörungen sein. Depressive Symptome wie »negatives Selbstkonzept«, mangelndes Selbstvertrauen und/oder traurige Verstimmtheit können sowohl Folgen des aufmerksamkeitsgestörten Verhaltens wie auch dessen **Ursache** sein. Umschriebene Entwicklungsstörungen ebenso wie Teilleistungsschwächen sind bei hyperkinetischen Kindern weit überdurchschnittlich vorzufinden, sie können bereits am Ende des Kindergarten-Alters und zu Schulbeginn wahrgenommen werden, sie sind wie die AD(H)S von mangelnder Konzentration, von Kaspereien, aufdringlichem Bindungsverhalten gegenüber Lehrern und/oder den jeweiligen »Leadern« in der Hierarchie der Gleichaltrigengruppe begleitet. Ebenso führen posttraumatische Belastungsstörungen und anhaltende Beziehungsverluste im Rahmen der Familie, oft verbunden mit ungünstigen psychosozialen Verhältnissen, zu demselben Verhaltensbild.

Verschiedene Untersuchungen, die den Kindern hirnorganische Pathologien zuschreiben, widersprechen einander. Mal ist die Rede von einer Unterfunktion des Kortex, mal von einer Überfunktion des Stammhirns. Einer der bedeutendsten Wissenschaftler in diesem Themenbereich, Paul Barkley stellte kritisch der eigenen Zunft gegenüber fest, dass die meisten der geradezu inflationären Studien auf theorielosen Ad-hoc-Untersuchungen basieren, deren Ergebnisse oft in Sackgassen führen, und zwar in mehr als eine gleichzeitig.

Neuropsychologisch wurden drei Gehirnareale für die hyperkinetische Störung zuständig genannt, die retikuläre Formation, das limbische System sowie ein Aktivierungs- und Hemmungssystem, das im Frontallappen lokalisiert wird. Auf die Übereinstimmung mit der tiefenpsychologischen Instanzenlehre verweist Achim Perner (2007). Alles menschliche Empfinden und Tun hat sein körperliches Korrelat. Wenn wir uns verlieben, geht es in unserem Gehirn drunter und drüber wie bei einem Pubertierenden. Es ist ganz unsinnig, hier zwischen den körperlichen und seelischen Vorgängen zu unterscheiden, gar das eine für eine Folge des anderen zu halten.

AD(H)S-Kinder sind wie alle Menschen Körper-Seele-Wesen. Selbst bei genaueren gehirnphysiologischen Erkenntnissen wäre damit über die Ursache der Verhaltensprobleme nichts ausgesagt. Auffallend ist: Wo immer die moderne Gehirnforschung nicht statisch verfährt, sondern dynamisch auf die jeweiligen Lebenssituationen bezogen, umso deutlicher treten die Übereinstimmungen mit einer analytischen Entwicklungstheorie und den Bindungsforschungen zutage. Dazu kommen wir im folgenden Kapitel.

Bei Messungen im Labor zeigen hyperkinetische Kinder kein einheitliches Bild. Übereinstimmend wird aber in allen wissenschaftlichen Forschungen festgehalten, dass ca. 70–80% der AD(H)S-Kinder Jungen sind. Aber müssten sich neurologische Ursachen nicht auf Jungen und Mädchen gleichmäßiger verteilen?

Symptomkriterien der hyperkinetischen Störung nach ICD-10 (Forschungskriterien) und der Aufmerksamkeitsdefizit-/ Hyperaktivitätstörung nach DSM-IV-TR

A Unaufmerksamkeit

(1) Beachtet häufig Einzelheiten nicht oder macht Flüchtigkeitsfehler bei den Schularbeiten, bei der Arbeit oder bei anderen Tätigkeiten.
(2) Hat oft Schwierigkeiten, längere Zeit die Aufmerksamkeit bei Aufgaben oder Spielen aufrechtzuerhalten.
(3) Scheint häufig nicht zuzuhören, wenn andere ihn ansprechen.
(4) Führt häufig Anweisungen anderer nicht vollständig durch und kann Schularbeiten, andere Arbeiten oder Pflichten am Arbeitsplatz nicht zu Ende bringen (nicht aufgrund von oppositionellem Verhalten oder Verständnisschwierigkeiten).
(5) Hat häufig Schwierigkeiten, Aufgaben und Aktivitäten zu organisieren.
(6) Vermeidet häufig, hat eine Abneigung gegen oder beschäftigt sich häufig nur widerwillig mit Aufgaben, die länger andauernde geistige Anstrengungen erfordern (wie Mitarbeit im Unterricht oder Hausaufgabe).
(7) Verliert häufig Gegenstände, die er/sie für Aufgaben oder Aktivitäten benötigt (z. B. Spielsachen, Hausaufgabenhefte, Stifte, Bücher oder Werkzeug).
(8) Lässt sich oft durch äußere Reize leicht ablenken.
(9) Ist bei Alltagstätigkeiten häufig vergesslich.

B Hyperaktivität

(1) Zappelt häufig mit Händen und Füßen oder rutscht auf dem Stuhl herum.
(2) Steht (häufig) in der Klasse oder in anderen Situationen auf, in denen Sitzenbleiben erwartet wird.

(3) Läuft häufig herum oder klettert exzessiv in Situationen, in denen dies unpassend ist (bei Jugendlichen und Erwachsenen kann dies auf ein subjektives Unruhegefühl beschränkt bleiben).

C Impulsivität

(1) Platzt häufig mit der Antwort heraus, bevor die Frage zu Ende gestellt ist.
(2) Kann häufig nur schwer abwarten, bis er/sie an der Reihe ist.
(3) Unterbricht und stört andere häufig (platzt z. B. in Gespräche oder in Spiele anderer hinein).
(4) Redet häufig übermäßig viel (ohne angemessen auf soziale Beschränkungen zu reagieren).

(nach: Döpfner, Schürmann, Frölich. Beltz 2003)

Da, wie Sie als Eltern entlang den beschriebenen Kriterien schnell festgestellt haben werden, so ziemlich alle »normalen« Kinder hin und wieder das oben beschriebene Verhalten zeigen, oder zumindest Teile davon, schränken die beiden Diagnosesysteme ICD und DSM für eine Befunderhebung und anschließende Diagnosestellung ein, dass:

- die Symptome mindestens sechs Monate lang in einem mit dem Entwicklungsstand des Kindes nicht zu vereinbarenden und unangemessenen Ausmaß vorliegen;
- die Störungen bereits vor dem Alter von sieben Jahren auftreten;
- die Beeinträchtigungen durch diese Symptome sich in zwei oder mehr Lebensbereichen (zum Beispiel Schule und zu Hause) zeigen;
- deutliche Hinweise auf klinisch bedeutsame Beeinträchtigungen in sozialen oder schulischen Funktionsbereichen vorhanden sein müssen.

Zusammenfassung

Je besser wir ein Kind verstehen, desto hilfreicher können wir reagieren. Diagnosen helfen dabei nur bedingt weiter.

> AD(H)S ist eine reine Symptombeschreibung. Sie kommt in sehr unterschiedlichen Schweregraden und mit unterschiedlichen Ursachen vor. Häufig beschreibt die sogenannte AD(H)S lediglich Verhaltensstörungen, die teilweise oder ganz durch die Anpassungszwänge der Schule verursacht werden.

> Die Symptome für AD(H)S sind Unaufmerksamkeit, Hyperaktivität und Impulsivität, bei ADS ohne Hyperaktivität verträumtes Sichzurückziehen und geringe soziale Kontaktfähigkeit, stures Beharren auf dem eigenen Standpunkt. AD(H)S gegen andere seelische Probleme abzugrenzen ist diagnostisch schwierig, ein Grund dafür, dass »Hyperaktivität« viel zu häufig und oft falsch diagnostiziert wird.

> Das Erfassen dieser »Symptome« auf statistischer Basis ist das wesentliche diagnostische Instrument, auf dessen Grundlage entschieden wird, ob ein Kind unter AD(H)S leidet oder nicht. Vielen Psychiatern und Psychologen ist diese Unvollkommenheit der diagnostischen Möglichkeiten durchaus bekannt – aber leider keineswegs allen!

> AD(H)S-Diagnosen erfassen keine Ursachen für Verhaltensauffälligkeiten. Sie ordnen lediglich das »störende« Verhalten, das ein Kind zeigt, nach bestimmten symptomerfassenden Kriterien.

AD(H)S und Schule

AD(H)S und Schule haben viel miteinander zu tun. Oft entsteht daraus ein Teufelskreis, aus dem das Kind ohne Hilfe seiner Eltern nicht mehr herausfindet.

Turbulenzen in der Seele und die Ordnungen der Schule

Wir müssen uns noch einmal ausführlicher mit dem Zusammenhang von hyperaktivem Verhalten und Schule befassen:

Die Lehrerin sagt: »Schlagt die Bücher auf«, und Trödelliese ist immer diejenige, die just zu diesem Zeitpunkt aus dem Fenster guckt. Oder ihr fallen, während sie noch nach ihrem Buch sucht, drei, vier andere Bücher ein, die sie auspackt und in denen sie herumblättert. Schroffe Ermahnungen helfen hier überhaupt nicht, sie verwirren das Kind nur. Seine Verwirrung macht sich oft noch in derselben Schulstunde als gesteigert auffälliges Verhalten bemerkbar.

Oder der kleine Hans! Er kommt gar nicht dazu, sein Buch aufzuschlagen, knallt es viel zu laut auf den Tisch und lacht, halb dreist, halb verlegen. Er schafft es einfach nicht, das Buch behutsam aus seiner Schultasche zu ziehen. Was fehlt ihm da an »Feingefühl«, an Körpergefühl? Wir kommen gleich darauf. Nachdem er es auf den Tisch geknallt hat, hat er schon wieder vergessen, welche Anweisung ihm die Lehrerin gegeben hat, weil er gerade seinem übernächsten Tischnachbarn einen Papierball an den Kopf schmeißen muss.

Dieses Verhalten moderner Kinder – der Jungen besonders – greift um sich wie eine Epidemie und bereitet vielen, sehr vielen Eltern große Sorgen. Regelmäßig werden sie in die Schule zitiert oder in den Hort, und oft gleich zu Beginn des Elterngesprächs mit dem Satz überrumpelt: »So geht das nicht weiter«. Solche konfrontativen Gesprächseinleitungen sind natürlich wenig nützlich. Sie erzeugen Angst bei den Eltern, nicht zuletzt die, dass das Kind auf eine Förderschule abgeschoben wird – Eltern wissen genau, dass ihr Kind dort eine schlechte Prognose für seine schulische und berufliche Zukunft hat.

Nur eines von zehn Kindern auf den Förderschulen – die in dieser Form übrigens eine Besonderheit des deutschen Schulsystems sind – schafft die Rückkehr auf die Regelschule. Schulabschlüsse an Förderschulen selber sind, sofern sie überhaupt gelingen, eine Barriere für den weiteren Lebensweg. Eltern wissen das, sie reagieren ablehnend, verstört oder aggressiv. So entsteht zwischen Pädagogen und Eltern ein dummer und verhängnisvoller Kreislauf aus wechselseitigen Vorwürfen und Schuldzuweisungen. Es ist erstaunlich, wie regelmäßig ich diesen negativen kommunikativen Zirkelschluss antreffe.

Geholfen ist mit solchen »Elterngesprächen« überhaupt nichts. Im Gegenteil. Aus der ängstlichen Panik entwickelt sich eine familiäre Situation, in der alles nur immer schlimmer wird. Je hektischer Mama ist, je mehr sie meckert und auf das Kind einredet, desto unruhiger und zappeliger wird es. Je öfter Papa droht, jetzt müsse hier aber mal anständig Ordnung geschaffen werden, desto ohnmächtiger und wütender wird das Kind. Seine oft anfallartige Wut ist ein Ausdruck von Verzweiflung, von »Ich-weiß-nicht-weiter!«. Aber das wird in der allgemeinen Hektik leicht übersehen.

Viele Eltern – und manche Lehrer – halten erst dann erschrocken in ihrem pädagogischen Eifer inne, wenn das Kind scheinbar wie aus heiterem Himmel sagt: »Ich will nicht mehr leben.«

AD(H)S-Kinder sind traurig. Wenn nun auch noch die Bindung an die Eltern unsicher wird, dann sehen sie keinen Ausweg mehr.

AD(H)S-Kinder sind traurig. Sie sind geprägt von einer tiefen Unruhe und Ungewissheit. Wenn nun auch noch die Bindung an die Eltern durch deren fortwährendes Drängen und Schimpfen unsicher wird, dann sehen sie keinen Ausweg mehr.

Sie mögen auch nicht mehr nachdenken, sie wollen sich nicht mehr anstrengen, sie sind tief durchzogen von dem Gefühl, dass alle Bemühungen ja doch nichts einbringen als immer nur neue Vorwürfe, neue Meckereien, neue Strafandrohungen.

Dieses »Ich will nicht mehr leben« wird in Familien – selten auch gegenüber einer Lehrerin – viel häufiger ausgesprochen, als wir zur Kenntnis nehmen wollen. Sie sagen es auch gar nicht dramatisch, obwohl sie doch sonst oft zu übertriebener Wut, übertriebener Verzweiflung usw. neigen. Da ist plötzlich ein ganz anderer Tonfall zu vernehmen, fast ruhig und deshalb so beunruhigend: »Ich will nicht mehr …«

»Ich will nicht mehr leben« wird viel häufiger ausgesprochen, als wir zur Kenntnis nehmen wollen.

So entsteht ein verhängnisvoller Kreislauf. Wenn die Eltern schließlich eine Beratungsstelle oder einen Therapeuten aufsuchen, sind sie erschöpft, die Kinder wirken auf oft merkwürdige Art indifferent, unruhig und zugleich fast unbeteiligt. Sie haben sich gleichsam schon aufgegeben.

Eine ganze Reihe beängstigender Fragen kommt auf die Eltern zu:

- Warum kann mein Kind sich den Lernstoff nicht nachhaltig einprägen? Mama hat am Abend noch mit dem Sohn die Zeichensetzung gepaukt, er hat auch alles verstanden, aber am nächsten Tag ist beim Test alles wie ausgelöscht.
- Warum fällt es ihm so schwer, einer Sache oder Aufgabe seine Konzentration zu widmen. Warum döst er ewig lang vor sich hin, beginnt schließlich widerwillig eine Aufgabe, nur um sie unerledigt liegen zu lassen?
- Warum ist er dabei oft so hochfahrend, als wisse er alles besser – obwohl er in der Schule oft versagt, trotz seiner Intelligenz?

- Warum reagiert mein Kind so gereizt, manchmal aggressiv auf ganz harmlose Rempler oder Berührungen auf dem Schulhof, warum wirkt es so, als sei es immer auf dem Sprung – als lebe es in einer fremden Welt, die voller potenzieller Feinde steckt?
- Warum sucht es trotzdem – gleichzeitig! – eifrig nach Kontakten, Bindungen, nach Zuneigung besonders zu Erwachsenen, zur Erzieherin, zur Lehrerin, und hält an ihr fest? Auch wenn sie es, genervt und hilflos, innerlich längst abgeschrieben hat und ihn oder sie am liebsten in eine Förderschule überweisen würde?
- Warum neigt es dazu, sich mit anderen Kindern, die dieselben Schwierigkeiten haben wie es selbst, zu verbünden – oder hinter besonders lautstarken, oft aggressiven älteren Kindern oder Jugendlichen (den »Bullys« auf dem Schulhof) herzulaufen? Bei ihnen ist es plötzlich fügsam und erfüllt jede Anforderung, die sie an es stellen – auch solche, die ihm ganz offensichtlich schaden.
- Warum kann es ein »Nein« so schlecht akzeptieren, kommt wieder und wieder auf denselben Punkt, dasselbe Thema, denselben Wunsch zurück, als hätte es das erste »Nein« schon wieder vergessen?
- Warum vergisst es immer wieder die Zeit? Ihm wird gesagt: Um 6 Uhr bist du zu Hause, und um halb acht kommt es prustend und völlig verstört an. Es hat überhaupt kein »Zeitgefühl«.
- Und warum hört es nicht zu (darüber haben wir weiter oben schon gesprochen)?

Alles fließt gleichsam **in das Kind hinein und wird nicht angemessen verarbeitet**, aber irgendwie muss der innere Wirbel ja wieder nach außen, muss kommuniziert, mitgeteilt, ausgedrückt werden.

Manche Kinder ziehen sich zurück und werden ganz still und dösen weg, das sind die sogenannten »Träumer«, die Kinder mit einer sogenannten »Aufmerksamkeitsstörung ohne Hyperaktivität«. Aber die meisten sind nicht so.

Sie springen impulsiv, ganz unvorhersehbar für eine Lehrerin auf, sie reißen das Fenster auf oder machen das Fenster wieder zu, rütteln am Tisch, kriechen drunter usw. usw. Die anderen Kinder lachen, das ermutigt sie zu Kaspereien – während ihre unruhigen Bewegungen, dieses sinnlose Hin und Her eigentlich gar nicht als Kasperei gemeint ist, sondern Ausdruck einer inneren Verwirrung ist. Jetzt übertreiben sie, um ein bisschen Kontakt zu spüren, eine irgendwie geartete Reaktion zu erfahren, und sei es ein Gelächter.

Die Mitschüler lachen zwar über ihren Klassenclown. Aber in ihrer Psyche sieht es im Prinzip nicht viel anders aus.

Am liebsten würden sie auch über Tisch und Bänke gehen, blöde Witze reißen, auch sie haben enorme Mühe, dem Unterricht zu folgen, viele geben es nur vor. Es gibt eine Menge »So-tun-als-ob« in unseren Schulen, das gilt übrigens für die Mädchen ebenso.

Was läuft in Schule und Erziehung schief? (Allgemeine Ursachen)

Kinder sind in unseren Schulen einem Zwang zu geregeltem, geordnetem Verhalten unterworfen. Vor zwei oder drei Kindergenerationen waren Kinder solchen Anforderungen auch schon lästig, sie waren aber grundsätzlich in der Lage, sie zu befolgen. Das hatte mehrere Gründe:

- Zum einen konnten sie nachmittags auf die Straße oder in den Wald laufen und sich dort – ganz ohne erwachsene Kontrolle – so lange austoben, wie sie wollten.
- Zweitens waren die meisten im Elternhaus einer sehr normativ-autoritären Erziehung unterworfen, die sie einschüchterte und ihr Verhalten – wenn auch nur zwanghaft – regulierte.
- Drittens verkörperten Vater und Mutter eine allgemein herrschende soziale Ordnung, die klare Normen und Werte vorgab. Vom Kolonialwarenhändler an der Ecke bis zum Lehrer in der Schule und den Eltern zu Hause begegneten einem Kind die gleichen Normen, die gleichen Überzeugungen, die gleichen Werte.
- Die Stabilität der Berufsbilder, der oft noch handwerkliche Charakter der Kleinbetriebe, die Norm der Fließbänder in den Industrien und die Präsenz der militärischen Ausbildung, der alle jungen Männer unterworfen waren, vervollständigten dieses Bild. Hyperaktivität gab es auch zu dieser Zeit, aber auffällig wurden nur jene Kinder – auch damals waren es schätzungsweise ca. 1,5 Prozent – die **tief greifende** Verhaltensstörungen aufwiesen.

Nichts davon trifft auf moderne Kinder zu. Zu jeder Minute stürzen zahllose Informationen auf sie ein, an jeder Verkehrskreuzung sollen sie viele Signale gleichzeitig beachten und rasch darauf reagieren, bei jedem Film, den sie sehen, dauert kaum eine Einstellung länger als drei Sekunden, bei den Trickfilmen im Fernsehen sind es noch weniger. Wenn sie morgens aufstehen, läuft schon ein Radio mit Songs meist in sehr schnellen Tempi, wenn sie zur Schule gehen, eilen sie an Schaufensterauslagen vorbei, in denen überall elektronische Signale blinken und Verführungen glitzern. In der Gesellschaft insgesamt lösen sich traditionelle Bindungen (Vereine, Parteien, Kirchen, Gewerkschaften, aber auch stabile Familienverbände) immer mehr auf, sie gelten als hausbacken, altmodisch, »nichts wert« – all das prägt das sinnliche und ethische Erleben eines Kindes.

Aber in der Schule begegnen ihnen weitgehend Anforderungen, die dem normativen Charakter »alter Ordnungen« noch entsprechen: eine Dreiviertelstunde still sitzen, die ganze Zeit den Mund halten und zuhören. Bewegung, Singen und Betrachten, freies Gestalten, kurzum, alles, was dem kreativ-aktiven Charakter von Kindern entspricht, wird nicht oder nur selten abgerufen – übrigens im modernen Schulunterricht noch weniger und noch seltener als vor 50 Jahren, und das ist nun tatsächlich ein Treppenwitz der Bildungspolitik.

Alles, was dem kreativ-aktiven Charakter von Kindern entspricht, wird in der Schule nicht oder nur selten abgerufen.

Was moderne Kinder zu leisten vermögen, ihre intellektuellen und kreativen Kompetenzen, werden gar nicht oder unter falschen Voraussetzungen abgerufen. Dazu gehört ihre visuelle Konzentration, sie sind schnell mit den Augen und den Fingern

auf der Tastatur, sie sind einfallsreich im Aufsuchen eigener, oft unorthodoxer Lösungswege, sie haben eine Begabung für ästhetische Vorgänge, vor allem für alles Theatralische. Nichts davon will die Schule sehen oder hören – oder sehr wenig davon, und es fällt bei der Notengebung kaum ins Gewicht.

Im Unterricht verläuft alles hochgradig geregelt – das nervt die aktiven, impulsiven Jungen gehörig –, sie sollen zuhören, was sie aus den genannten Gründen nur sehr begrenzt können, sie sollen der Ordnung der Schrift und der Zahl folgen, formelhaft, Schritt um Schritt, zielorientiert. Ihr sprunghafter, aber auch lebendiger Verstand, ihre Kreativität, ihre eigensinnigen Begabungen, die kaum Grenzen kennen (und mitunter alle Grenzen überschreiten!), fallen unter den Tisch.

Kein Erwachsener würde auf Dauer solche Missachtung seiner Talente ertragen, schon gar nicht bei gleichzeitiger harscher Aufforderung zu einem Verhalten, das seinem Wesen nicht entspricht.

Wenn wir also von Lernen reden, dann müssen wir uns auch der Aufgabe stellen, für die modernen Kinder, die auf jeder Verkehrskreuzung viele Informationen gleichzeitig aufnehmen und intuitiv befolgen müssen, die auf dem Schulweg Risiken blitzschnell erkennen und ihnen ausweichen müssen, die die Hektik der modernen Kultur schon im Kinderwagen eingeatmet haben, einen Typus des Lernens zu finden, der ihre Begabungen aufnimmt. Und der ihre Defizite, die zunächst einmal mit AD(H)S mit oder ohne H gar nichts zu tun haben, aufarbeiten hilft.

Dies gilt wiederum im Prinzip für alle modernen Kinder, insbesondere die Jungen – aber die sogenannten »ADSler« kommen mit den vielen widersprüchlichen Anforderungen eben besonders schlecht zurecht.

Mit Disziplin ist nichts gewonnen

Hinzu kommt: Auch Eltern und Lehrer sind angesteckt von dem »Gehorsamsvirus«, der seit drei oder vier Jahren durch die öffentlichen pädagogischen Debatten und Bücher geistert. Im Fokus der Aufmerksamkeit von Eltern und Lehrern stehen dann an allererster Stelle Fragen wie: »Gehorcht das Kind, tut es, was man ihm sagt, erfüllt es seine Aufgaben?« Besonders die impulsiven, unruhigen und kränkbaren Kinder kann man mit dieser übermäßigen Betonung auf formales Einhalten von Regeln und Ordnungen in eine noch vertrotztere, noch ohnmächtigere und wütende Oppositionshaltung geradezu hineintreiben. Sie sind eh schon überfordert und werden zusätzlich mit disziplinarischen Bewertungen und Maßnahmen bedroht.

Eltern haben selber Angst vor der Zukunft, oft diffus. Das sind Ängste, die mit der Globalisierung der Wirtschaft zusammenhängen und der ungeheuer anonymisierten Abhängigkeit ihres Arbeitsplatzes von Transaktionen auf internationalen Finanzmärkten, von denen sie meist wenig verstehen und auf die sie nicht den geringsten Einfluss haben. Moderne Eltern haben ihre Zukunft nur sehr begrenzt oder gar nicht in der Hand. Auch ein gut ausgebildeter Diplom-Ingenieur oder Kommunikationswissenschaftler kann von heute auf morgen in die Arbeitslosigkeit und unter Umständen auf die Ebene von Hartz 4 abstürzen. Schulprobleme erscheinen aus diesem Grund heute viel bedrohlicher, als dies noch vor zwei oder drei Generationen der Fall war.

Schulprobleme erscheinen heute viel bedrohlicher als vor zwei oder drei Generationen.

Diese Zukunftsängste werden auf die Kinder übertragen: Wenn sie nur rechtzeitig ganz viel lernen, Wissen aufnehmen, eine Fremdsprache möglichst schon im Kindergarten lernen und möglichst rasch eine zweite dazu, wenn sie trainiert werden in

Zukunftsängste werden auf die Kinder übertragen.

Konzentration und Lerntechniken – dann, so glauben und hoffen viele Eltern, sei wenigstens ihre Zukunft einigermaßen gesichert. Aber so ist es nicht. Zu frühes Lernen kann die freie Entfaltung des kindlichen Geistes auch behindern, zu viel Eifer in der Grundschule ist oft mit Leistungsangst verbunden – und Ängste bringen eben keinen Erfolg, beim Lernen nicht und sonst im Leben auch nicht.

Schule hält diesen Fehlentwicklungen hin zum rein formalen – und viel zu wenig lebendigen – Wissen unglücklicherweise nichts entgegen, obwohl genau dies ihr richtig verstandener Bildungsauftrag wäre. Sie fördert vielmehr normatives Lernen, immer strikt nach Plan und im Rahmen einer bürokratisch anmutenden Ordnung der Stundenpläne. Wir werden noch sehen, dass unsere kleinen AD(H)Sler gerade daran scheitern.

Gewiss, einzelne Lehrerinnen geben sich viel Mühe, das trockene Wissen der modernen Schuldidaktiken und Lehrpläne lebendig erscheinen zu lassen, manche sind einfallsreich und – was fast noch wichtiger ist – liebevoll im Umgang mit ihren kleinen Schülern. Zunehmend gibt es außerdem private Alternativen zur verkrusteten Regelschule, die Eltern von AD(H)S-Kindern in jedem Fall genau anschauen sollten. Aber für die meisten Kinder ist der lernpsychologisch und bildungstheoretisch betrübliche Zustand unserer Schulen eine Art Schicksal. Sie müssen irgendwie damit zurechtkommen.

Schule macht fast allen Kindern Angst, das müsste nicht sein! Auch die, die nicht unter AD(H)S leiden, fragen schon nach dem dritten Diktat: »Reicht das denn für die Gymnasialempfehlung?« Damit geht ihnen die Faszination, die ja auch von Schrift ausgehen kann, verloren, diese ursprüngliche Freude: »Jetzt lerne ich schreiben; mit dem Schreiben kann ich eigene Geschichten erfinden, ich kann meine Fantasie zu einem Produkt machen, auf das ich stolz bin und das ich anderen zeigen kann.« Davon bleibt wenig oder nichts. Das Lernen wird immer technischer.

Schule macht fast allen Kindern Angst.

Sie lernen auswendig und pauken und lernen wieder auswendig und spüren gleichzeitig die Sorgen ihrer Eltern, sie sind eingebunden in viel zu viele Stunden an einem Vormittag, in denen es strikt geregelt und hochdiszipliniert zugehen soll. Auch bei gut angepassten Kindern kann man beobachten, dass sie höchstens ein Viertel des ganzen Unterrichts bewusst zur Kenntnis nehmen, den Rest der Zeit dösen sie vor sich hin oder spielen unter der Bank …

Die Grenze zwischen normalen Kindern und aufmerksamkeitsgestörten oder hyperaktiven verschwimmt. Daran wird sich auch nichts ändern, solange wir kein tiefer gehendes Verständnis vom kindlichen Aufwachsen in einer hoch technologisierten und informationellen Kultur haben – Schule wie übrigens auch viele Therapien stammen noch aus der »guten alten Zeit« der verregelten Arbeitswelt der Industriekultur. Auch dies behindert das Verständnis für die ADS-Kinder.

Die Grenze zwischen normalen Kindern und aufmerksamkeitsgestörten oder hyperaktiven verschwimmt.

Das AD(H)S-Etikett ist unzureichend. Aber die sehr auffälligen Kinder haben tatsächlich Probleme. Sie werden durch den unmodernen und kinderfremden Charakter der Schule allerdings zusätzlich hervorgetrieben.

Zusammenfassung

Moderne Kinder und Schulorganisation passen nicht immer zusammen. Bei AD(H)S-Kindern wird dies besonders deutlich.

> Die Schule fordert ein in hohem Maße geregeltes Verhalten. Im Gegensatz zu früheren Kindergenerationen sind dem viele Kinder von heute nicht mehr gewachsen. Unsere Schulen können auf sie nur wenig Rücksicht nehmen, ihnen fehlen die Mittel, die geeignete Unterrichtsorganisation, um geduldig und helfend auf Kinder einzugehen, die an diesen Normen scheitern.

> Es gibt Kinder, die schlechter als andere mit der von der Schule verlangten Unterrichtsdisziplin klarkommen. Sie scheitern an der »Ordnung der Schule«. Aber auch zu Hause zeigen sie ein auffälliges Verhalten.

> Ob Kinderarten oder Schule – schon früh entscheidet sich, »was aus einem Kind wird«. Das erhöht den Druck auf die Kinder (und häufig auch auf ihre Eltern!) und bei manchen stellen sich entsprechende Verhaltenssymptome ein: Wut, Hass und Impulsivität, aber auch Rückzug, Unkonzentriertheit und Trauer. Sie brauchen Hilfe.

Die Bindungsstörung und AD(H)S

Unabhängig davon, ob AD(H)S genetisch erworben ist, worüber bis heute große Zweifel bestehen, spricht vieles dafür, dass die Wurzeln der Verhaltensauffälligkeiten in der frühen Kindheit liegen.

Körperliche und genetische Ursachen

Der Beginn der Störung lässt sich fast immer auf die ersten Lebensmonate zurückdatieren, diese Kinder haben schon ganz früh ein schwieriges Leben angefangen. Beobachtungen in meiner Praxis haben mich außerdem dazu veranlasst, mich ausführlich auch nach Komplikationen beim Geburtsvorgang zu erkundigen. Oft fällt es den Müttern erst daraufhin wieder ein: »Da war doch was, er hatte sich in der Nabelschnur verheddert«, oder das Fruchtwasser war schon verdunkelt. Solche kurzen Unterversorgungen des kindlichen Gehirns mit Sauerstoff während der Geburt scheinen eine grundsätzliche Disposition zu späteren langfristigen Verhaltensstörungen zu begründen. Weitere Risikofaktoren sind:

- Frühgeburt;
- Alkohol und ähnliche Suchtstoffe auch nur zu Beginn der Schwangerschaft;
- seelische Konflikte der Mutter während der Schwangerschaft (etwa ein Todesfall in der Familie oder Trennung vom leiblichen Vater);
- körperliche Erkrankungen im frühen Kindesalter, deren Spätfolgen immer auch von einem Kinderarzt untersucht werden sollten.

Ich würde auch keineswegs ausschließen, dass es eine, wenn bislang auch kaum geklärte molekularbiotische Weitergabe von Verhaltensdispositionen gibt – sie werden oft »genetische Faktoren« genannt. Obwohl in der Öffentlichkeit und auch bei Fachleuten von ihnen oft die Rede ist, sind sie nicht belegt. Ehrlicherweise sollten die psychiatrischen und psychologischen Fachleute zugeben, dass sie an dieser Stelle noch ganz im Dunkeln tappen.

Der »genetische Faktor« erscheint oft wie eine Hilfskonstruktion, die davon ablenken soll, dass es Faktoren in der Umwelt des Kindes sind, die sein Verhalten zumindest mit beeinflussen. Zudem zeigen modernste Forschungen, dass Umweltbedingungen durchaus das Erbgut eines Menschen verändern können, dass also äußere Umwelteinflüsse die genetische Disposition eines Menschen verändern können. Wissenschaftler nennen diesen neuen Forschungszweig »Epigenetik«.

Der »genetische Faktor« lenkt davon ab, dass die Umwelt des Kindes sein Verhalten zumindest mit beeinflusst.

Ein Beispiel: Da sitzt also ein Vater, der unaufhörlich mit seinem rechten Bein wippt, und daneben sitzt der Sohn, und auch der wippt mit dem rechten Bein und beide machen einen ausgesprochen nervösen Eindruck. Jetzt weiß man aber immer noch nicht, ob der Sohn dieses Verhalten schon in seinen ersten Lebensjahren erworben hat, es sich dem Vater »abgeguckt« oder mit dieser Disposition bereits auf die Welt gekommen ist. Diese Frage wird man auch bis auf Weiteres nicht beantworten können, aber das muss auch nicht sein. Für die Therapie und Betreuung dieser Kinder spielen solche Überlegungen ohnehin kaum eine Rolle.

In der psychiatrischen, erst recht der psychologischen Diskussion herrscht heute weitgehende Einigkeit darüber, dass es sich bei der sogenannten AD(H)S in jedem Fall um ein multifaktorielles Geschehen handelt, heißt zu Deutsch: Immer sind mehrere Ursachen im Spiel, die sich überlagern und wechselseitig verstärken. Zu den »genetischen« oder anderen somatischen Risikofaktoren treten in jedem Fall weitere Störungen in der frühen Kindheit hinzu.

Sie sind für Eltern und Pädagogen deshalb besonders wichtig, weil wir sie einerseits einigermaßen konkret benennen und ihre Auswirkungen darstellen können und weil wir andererseits nur diese biografischen Entwicklungen und Fehlentwicklungen durch richtiges Handeln verändern können.

Die Bindungsstörung als Ursache von AD(H)S

Wenden wir uns deshalb den frühen kindlichen (biografischen) Ursachen oder Teilursachen der AD(H)S zu. Hier liegen die Chancen zu Veränderungen. Sie werden in vielen therapeutischen Ansätzen kaum oder gar nicht beachtet, ganz zu schweigen von der oft unbedachten Vergabe von riskanten Medikamenten. Viel zu einseitig und viel zu häufig wird immer noch versucht, mit Aufmerksamkeits-/Konzentrationstraining oder zu eng eingesetzten Verhaltenstherapien AD(H)S-Symptome zurechtzubiegen. Letztlich geht es dabei aber wieder nur um ein normatives Einüben von Verhaltensweisen. Deren Norm entspricht auffällig den Anforderungen, die in der Schule an ein Kind gestellt werden.

In den frühen kindlichen Ursachen der AD(H)S liegen die Chancen zu Veränderungen.

Was ist eine Bindungsstörung, wie entsteht sie?

Hyperaktive Kinder haben **Bindungsstörungen**. Aber auch dieser Begriff umfasst sehr vieles, die Ursachen sind höchst unterschiedlich.

Hyperaktive Kinder haben Bindungsstörungen.

Meist gibt es auch nicht eine Ursache, sondern einen Komplex von mehreren Faktoren, die sich gleichsam ineinander verschlingen und zu einem massiven Störungsbild führen. Es macht wenig Sinn, für diese Vielfältigkeit einen einzigen Begriff zu suchen, eine einzige Bezeichnung. Sie versperrt oft nur den Blick auf die Kompliziertheit der Ursachen. Und oft versperrt sie auch unseren Blick auf gerade dieses, doch einzigartige Kind.

Eine Bindungsstörung kann in der frühen Kindheit auch durch emotionale Defizite der Mutter entstehen. Das können eigene frühkindlich traumatische Erfahrungen sein, das kann eine nachgeburtliche Depression sein – »Defizit« heißt also nicht, dass eine Mutter »Schuld« hat. Abwesende, unsichere, sich entziehende Väter spielen eine ebenso große Rolle.

Eine Bindungsstörung kann aber auch dadurch entstehen, dass eine Familie in eine erschreckende Unruhe getrieben worden ist, etwa durch die vorhin genannte Unsicherheit des Arbeitsplatzes, ebenso durch eine beruflich erzwungene Trennung von Vater und Mutter während der Arbeitswoche. Die Mobilität der modernen Wirtschaft nimmt auf Familien wenig Rücksicht. Kurzum, in vielen Bereichen fehlen den Familien die Voraussetzungen dafür, ihren Kindern einen beständigen, verlässlichen Rahmen für ihre Entwicklungen zukommen zu lassen. Den aber benötigen sie, um uneingeschränkt und weitgehend angstfrei zu »reifen«.

Eine Bindungsstörung bedeutet nicht, dass die Mutter »Schuld« hat.

Eine Bindungsstörung kann fatalerweise auch sehr banale Ursachen haben. Kommen zwei und mehr solch »banaler« Ursachen zusammen, die jede für sich nicht bedeutsam wären, können sie massive Entwicklungsstörungen einleiten.

Beispiel: Ein Kind kommt mit einem lebhaften Temperament auf die Welt. Es gehört zu seinem Wesen und seiner Natur wie seine Nase und seine Haarfarbe. Die Mutter hat aber eine sehr strenge, sehr auf Disziplin und äußere Ordnung bedachte Erziehung hinter sich. Was eigentlich nur lebendige und impulsive Lebensäußerungen ihres Kindes sind, erscheint ihr als Problem. Sie reagiert heftig, mal vermeidend, mal ängstlich, zuletzt immer häufiger zornig. Sie blockt das impulsive Leben des Kindes ab, selbst nennt sie es allerdings »Erziehung«.

Für das Kind ist dieses mütterliche Blockieren eine seelische Katastrophe. Es ist in seiner frühen Selbst- und Weltgewissheit, in seinem Urvertrauen in Mama und sich selbst zutiefst erschüttert. Es wird unruhig, über sein Temperament hinaus. Folge: Mama reagiert umso heftiger, vielleicht vom Vater unterstützt. Das Kind wiederum reagiert mit anfallartiger Aggressivität, die sich durch permanentes Schreien zeigt, durch Verweigerung von Nahrung und anschließende gierige Lust auf Mamas Brust, meist auch durch Schlafstörungen.

Die Nächte werden für Eltern und Kind zur Qual, das Stillen ist mit hoher Erwartungsangst verbunden – »Vielleicht beißt es wieder schmerzhaft in die Brust, warum nur?« –, die beglückte Freude, die Eltern und Kind aneinander haben sollten, ist ge- und verstört. Wollen wir ernsthaft annehmen, dass solche tiefen Störungen in der frühkindlichen Bindung und dem dringend benötigten Weltvertrauen keine Verhaltensprobleme nach sich ziehen, wenn dieses Kind drei oder vier Jahre alt sein wird?

Auch Bindungsstörungen sind also multifaktoriell bedingt, heißt: Sie haben viele Ursachen, die ineinanderwirken und sich wechselseitig verstärken. Der Perfektionsanspruch, den viele Eltern heute an sich stellen, kann ebenfalls solch ein verstärkender Faktor sein.

Der Perfektionsanspruch, den viele Eltern an sich stellen, kann ein verstärkender Faktor sein.

Ich muss die »beste« Mutter, der »partnerschaftlichste« Vater sein, sonst bin ich eine schlechte Mutter, ein schlechter Vater – solche überhöhten Ansprüche junger Eltern an sich selber beschädigen ihre ruhige verlässliche Nähe zum Kind.

Auf den Perfektionswahn, den Eltern zuerst nur an sich richten, folgt oft eine unruhige Suche nach der optimalen Förderung für ihre Tochter oder ihren Sohn. Es wird nun ebenfalls einem viel zu frühen Leistungsdenken unterworfen – Folge: Die Bindungen von Eltern und Kind, die beruhigend und liebevoll, beschützend und geduldig sein sollten, erhalten einen Charakter von permanenter Anstrengung. »Perfekt« wollen sie sein: die tollsten Eltern, das besonders begabte Kind. Dabei würde Durchschnittlichkeit viel mehr zum Lebensglück und Selbstbewusstsein des Kindes beitragen.

Auf diese Weise können sich leichte Bindungsstörungen wechselseitig potenzieren und zu frühkindlichen Unsicherheiten und Unruhen führen. Sie sind auch bei sorgfältiger Bestandsaufnahme in den ersten Gesprächen bei einem Psychiater, Berater oder Therapeuten kaum zu rekonstruieren und spielen deshalb in den formalen Diagnosen keine Rolle. Dabei sind sie in der Betreuung und Beratung höchst bedeutsam. Solche kleinen »Risse« in der Bindung zwischen Eltern und Kind lassen sich noch am ehesten nachhaltig beheben – man kommt ihnen aber nur mühsam auf die Spur.

Ich habe in meiner Praxis oft erlebt, dass allein das Nachspüren von Ursachen – und hier sind in allererster Linie die Eltern gefragt – positive Veränderungen im Eltern-Kind-Verhältnis ergeben. Mit dem Verstehen kommt die Geduld, mit einer begründeten Perspektive im familiären Miteinander mehr ruhige Sicherheit im Elternverhalten.

Eine Bindungsstörung zeigt sich aufseiten des Kindes immer als ein erster Schritt in Richtung Unruhe, Unkonzentriertheit, als eine gewisse Selbstverlorenheit, Ich-Verlorenheit. Wir verstehen diese Zusammenhänge besser, wenn wir den **allerersten Findungen eines Selbstgefühls** bei den Kindern nachgehen.

Eine Bindungsstörung zeigt sich aufseiten des Kindes immer als ein erster Schritt in Richtung Unruhe.

1. Der Blick der Mutter

Der Blick der Mutter ist der erste kommunikative Austausch mit der »Welt draußen«. Es ist dieses erste Angesehenwerden – etwa beim Stillen, bei dem die Säuglinge oft unverwandt auf das Gesicht der Mutter starren –, das dem Kind das verlässliche Gefühl verleiht, in einer »guten Welt« angekommen zu sein.

Es gibt dafür ein schönes afrikanisches Sprichwort aus der Xhosa-Sprache: »Ich bin, weil du bist.« Wie sehr die Existenz von Kind und Mutter und Vater ineinander verwoben sind, biotisch und seelisch, wird mit diesem Satz schlicht und kraftvoll auf den Punkt gebracht.

Wir alle »sind« nicht aus uns selbst, wir haben uns empfangen. Bereits die allerersten Gefühle werden gelernt. Bereits bei diesem frühkindlichen »Lernen« sind Welterwerb und Selbstgefühl/Selbstbewusstheit nicht auseinanderzuhalten. So bleibt es ein Leben lang, wir werden sehen, wie sehr diese Verknüpfung auch für das schulische Lernen gilt.

Die allererste Quelle des kindlichen Bewusstwerdens ist die Mutter. Mama schaut ihr Kind an, Mama ist stolz, sie freut sich, sie lächelt. Jetzt durchströmt dieses kleine Wesen ein inniges Gefühl von Freude, zusätzlich zu seiner natürlichen Daseinslust. Jetzt »lernt« es, was Freude ist!

Mama ist traurig, schaut ins Leere, vielleicht hat sie Ärger mit ihrem Chef oder mit dem Vater, vielleicht sorgt sie sich auch, was jetzt alles auf sie zukommt. Nun stürzt ein Kind aus seiner natürlichen Daseinslust in eine seelische Ungewissheit. Durch verlässliche Fürsorge, Berührtwerden und Angeschautwerden, begleitet von den vertrauten elterlichen Stimmen, bilden sich die frühesten Konturen des kindlichen »Ich«.

Aber ein Kind empfängt nicht nur, es antwortet. Die Kleinen sind schon mit sechs, sieben Wochen ausgesprochen trickreich. Sie versuchen Mama und andere Bindungspersonen zu »manipulieren«.

Das geht so: Mama freut sich, sie lächelt vergnügt, das Kleine reagiert darauf und beginnt, über sein ganzes oft glatzköpfiges Gesicht zu strahlen und mit seinem ganzen Körper vor Vergnügen zu zappeln. Bis in die feinsten Nervenverbindungen, bis in die Präsynapsen und Synapsen und Verschaltungen der Gehirnareale, in Seele und Körper werden seine freudigen Regungen »eingeschrieben«.

Einen Tag später oder schon nach zwei Stunden hat sich Mamas Blick verdunkelt, sie hat sich geärgert, vielleicht ist gerade die Milch übergekocht oder das Finanzamt hat eine hohe Nachzahlung gefordert (für Eltern meist völlig überraschend, für die Finanzbeamten wohl auch!). Jedenfalls ist Mamas Blick nicht mehr offen und froh, sondern abwesend.

Jetzt greift unser Kleines in die seelische Trickkiste: Es fängt an, genauso zu strahlen und zu strampeln, wie es dies bei dem vergnügten Austausch der Blicke und Körpersignale zuvor gelernt hat. Es tut dies in der frohen Erwartung, dass Mama sich wieder genauso freut und wieder lächelt. Strampeln und Strahlen sind nun auch schon absichtsvolle, »gewusste« Kommunikationssignale. Sie bedeuten: »Jetzt lächle mal wieder.«

So, grob skizziert, beginnen die Welt- und Selbsterfahrungen der Kleinsten. Wahrnehmen und Empfinden und Reagieren formen das kindliche »Selbst«. Die Mutter ist das unaustauschbare Zentrum dieser Entwicklungen. Mit den Worten des bedeutenden Kindertherapeuten Donald Winnicott: »Der Blick der Mutter garantiert einem Kind, dass es niemals ein Nicht-Ich sein wird.«

Wahrnehmen, Empfinden und Reagieren mit der Mutter formen das kindliche »Selbst«.

Klingt etwas kompliziert, fasst aber präzis zusammen, was ich mit wenigen Worten skizzieren wollte. Die Feinfühligkeit und die kommunikativen Gesten und Signale, das Lächeln, die Stimme und das Singen, das Rufen des Namens – all dies sind Zuwendungen, aus denen sich in den ersten 18 Lebensmonaten ein eigenständiges »Ich-Gefühl« bildet.

Von »symbiotischen Gefühlen« spricht die Tiefenpsychologie. Innige Bindungen, etwa beim Stillen, sind die Grundlage für das spätere Selbstbewusstheit eines Kindes (das Gefühl »Ich bin es wert, geliebt zu werden«). Solche »Symbiosen« sind freilich nicht von Dauer, es sind nur Momente der Innigkeit. Aber sie sind die Substanz der seelischen Bindungen. In den Liebesbeziehungen von Erwachsenen verhält es sich nicht anders. Auch dort sind es nur einige Stunden, Tage und Wochen, die von tiefer Einigkeit und selbstvergessenem Glück geprägt sind. Aber sie sind bedeutsam weit darüber hinaus und werden oft bis ins hohe Alter erinnert. Es sind diese »kleinen« Zeiten, die die Qualität und Verlässlichkeit einer Paarbindung prägen, wenn sie sich in Konflikten beweisen muss.

So auch die symbiotischen Momente zwischen Mutter und Kind, sie sind die Grundlage des Ich und des Weltvertrauens und damit die Basis der kindlichen Entwicklungen. Insofern kann das erste Lebensjahr als »symbiotische Phase« bezeichnet werden. Damit ist freilich nicht gemeint, dass sich Mutter und Kind in permanenten Symbiosen befinden. Dauerhafte Symbiosen gibt es unter Menschen nicht.

Symbiotische Gefühle, aus denen heraus ein Kind, wie beschrieben, eigene Antworten entfaltet, verlässliche Bindungen, die das Auf und Ab von Freude und Frustration, Glück und Enttäuschung auffangen und ausgleichen, sind die Quellen des Seelischen. Werden sie nicht regelhaft genug, nicht verlässlich genug erfahren, dann reißen sich die Kinder viel zu früh aus den mütterlichen und anderen Bindungen los, dann wenden sie sich viel zu früh einer befremdlichen und ängstigenden Welt zu, dann werden sie mit sich selber nicht bekannt und die Welt der Menschen und Dinge bleibt ihnen ebenso fremd. Sie finden keine Verlässlichkeit in sich und außer sich, sie sind ganz ich- und weltverloren.

Verlässliche Bindungen, die das Auf und Ab von Freude und Frustration, Glück und Enttäuschung auffangen und ausgleichen, sind die Quellen des Seelischen.

Diese Kinder bekommen mit vier oder fünf Jahren, spätestens in der Schule, oft das diagnostische Etikett »AD(H)S« verpasst.

2. Die Eroberung der Welt

Mit etwa 14 bis 18 Monaten, je nach Entwicklung, stellt sich ein Kind auf die eigenen Beine. Der Entwicklungspsychologe Erikson hat das sehr pathetisch, aber durchaus zutreffend formuliert: **»Es stellt sich der Welt«**, und tut dies mit enormem Kindermut.

Dieser große Entwicklungsschritt hin zu einem selbstständigen Menschenkind beginnt freilich mit einer tiefen Enttäuschung: Das Kind beginnt nämlich zu erfahren, dass es mit seiner kleinen Existenz gar nicht das »Zentrum der Welt« darstellt. Es existiert gleichzeitig und gleichbedeutend neben anderen Dingen und Menschen. Mit dem Schritt in die objektive Welt wird es aus seiner kleinkindhaft-egozentrierten Selbstgewissheit herausgerissen, umhüllt und versorgt immer im Mittelpunkt aller Dinge zu stehen.

Wie notwendig Bindungssicherheiten in den ersten Lebensjahren sind, lässt sich aus diesem Entwicklungsschritt ableiten. Was ein Kind jetzt dringend benötigt, ist Verlässlichkeit. »Mama hat mich lieb und ich hab Mama lieb, Papa hat mich lieb und ich habe Papa lieb, und Mama und Papa haben sich auch lieb« – in solch einem begütigenden Rahmen von Vertrauen wächst ein Kind sicher in seine Ich-Bewusstheit, sein Selbstbewusstsein hinein.

Insofern ist der schlichte pädagogische Satz, den wir bei allen Klassikern von Pestalozzi bis Fröbel finden, ganz und gar zutreffend: »Die Grundlage jeder Erziehung ist die Liebe.«

Die Grundlage jeder Erziehung ist die Liebe!

Mangelnde Bindung – mangelnde Welterfahrung

Auf dieser Grundlage wenden sich die Kleinen der äußeren Welt zu, etwas ängstlich, aber auch abenteuerlustig und zutiefst durchdrungen davon, dass die ganze Welt beglückt darüber ist, dass der kleine Johannes oder die kleine Maria auf ihr wandelt. Dieses Weltvertrauen geht aus dem genannten Urvertrauen hervor, beide sind nicht voneinander zu trennen.

Kinder wollen die Welt nicht nur er- und begreifen, sie wollen sie gleichzeitig mit dem Glanz ihres Daseins überstrahlen. Sie benötigen diese beglückte innere Sicherheit, um die Objekte der Welt und ihre Zusammenhänge zu »verinnerlichen«. Das ist im Wesentlichen kein rationaler Vorgang. Die Dinge werden berührt, gefühlt, sie erzeugen Anspannungen des Körpers ebenso wie eifrige Anstrengungen der Sinne und des Verstandes: Die Fläche eines Bauklötzchens ist kalt und glatt, die Kante ist hart, der Klotz selber ist ein Objekt in einem Raum mit vielen Objekten – unendlich kompliziert ist das! Aber ein Kind findet sich ein in der »Ordnung« der Menschen und Dinge.

Während es spielt, mal verträumt und selbstvergessen, dann wieder laut, wild und kreischend, verbindet es sein Körpergefühl und seine Freude oder seinen Ärger mit den Eigenarten dieser vielen Objekte. Etwas pathetisch, aber keineswegs unrichtig, könnten wir sagen: Es »versöhnt« sich mit ihnen, mit ihrer Fremdheit und Besonderheit. Gleichzeitig entfaltet das Kind eine

Ein sicher gebundenes Kind findet sich ein in die Ordnung der Menschen und Dinge.

Differenzierung seiner Sinneswahrnehmungen, seines räumlichen Empfindens, seines körperlichen und geistigen »Selbst« – und begleitet alles, plappernd und unaufhörlich vor sich hinmurmelnd, mit Sprache, mit immer eindeutigeren Lauten, Worten, Sätzen.

Entlang seiner Faszination für die Objekte, seiner Begeisterung darüber, dass es immer geschickter mit ihnen umzugehen versteht, erwirbt das Kind auch seine Aufmerksamkeit. Achtsam und mit intensiver Neugier hantiert es mit den Dingen, die ihm nicht zuletzt durch diese hohe Aufmerksamkeit, durch seine Konzentration immer vertrauter geworden sind. Verstehen wir also, wie ein Kind Konzentration und Geduld lernt? Verstehen wir also jetzt auch, wie wir es aus Konzentrationsschwächen und Aufmerksamkeitsdefiziten herausführen müssen?

Aus alldem erwächst die besondere Fähigkeit des Menschen: Er kann sein Selbst in den Dingen und die Dinge in seinem Ich »spiegeln«, er vermag beides zu reflektieren. Das Kind lernt das jetzt! Es ertastet, berührt und begreift die Ordnung der Dinge und erwirbt dabei eine innere stabile Ordnung seines Ich. **Wer meint, dass Kinder einfache Wesen sind, hat sie nicht begriffen!**

Fehlt aber das Bindungs-Vertrauen bei der Hinwendung zu der Welt der Objekte, fehlt die Bindungs-Gewissheit, dann werden die Eigenarten der Dinge eben nicht konzentriert aufgenommen, sie werden nicht zu inneren, sinnlichen und geistigen Wirklichkeiten. Dann wird der eigene Körper in seiner Beziehung zu diesen Dinge nicht ausreichend erfahren und gelernt. Dann greift ein Kind nach diesem und jenem, dann hat es nicht die Geduld und nicht die nötige Aufmerksamkeit, um die Freude, die ein Spielzeug bereiten kann, zu erkunden – es lernt auch diese Freude nicht.

Fehlt das Bindungs-Vertrauen bei der Hinwendung zu der Welt der Objekte, dann werden die Eigenarten der Dinge nicht konzentriert aufgenommen.

Körper und Welt, Raum und Zeit, Denken und Fühlen werden nicht verlässlich genug verinnerlicht, also bleibt das Ich in weiten Teilen leer, unausgeprägt.

Die Übereinstimmung mit jenen »Symptomen«, die wir weiter vorn bei den AD(H)S-Kindern festgestellt haben, ist offensichtlich. Sie konzentrieren sich nicht, weil diese Welt ungeordnet in sie hineinstürzt. Sie haben Ausdauer und Aufmerksamkeit – Achtsamkeit! – nicht erworben, deshalb befinden sie sich in einem fortwährenden inneren Wirbel. Sie reagieren deshalb oft völlig unberechenbar. Sie ziehen sich zurück und sind traurig, oder sie wollen unruhig mehr und immer mehr und sind doch nie »zufrieden«, nie im Frieden mit der Welt und mit sich selber auch nicht.

AD(H)S-Kinder konzentrieren sich nicht, weil die Welt ungeordnet in sie hineinstürzt.

Manche werden aggressiv dabei, manchmal schlagen sie um sich. Und wenn eine Kindergärtnerin oder eine Grundschullehrerin sagt: »Du darfst nicht hauen, hauen ist böse«, dann wissen diese Kinder buchstäblich nicht, wovon die Rede ist.

Bindung und Sprache

Wir müssen diese Entwicklung des Weltwissens und Weltvertrauens noch ein wenig weiterverfolgen, hinein in die Aneignung der Sprache. Auch Sprache ist keineswegs nur das Benennen von Welt und Ich, ist viel mehr als nur Ausdruck eines rationalen Verstehens. Auch Sprache erwächst aus der »Versöhnung«, heißt: »Ich nehme die äußere Welt bis in den Klang meiner Stimme, bis in das Summen im eigenen Körper in mich auf.«

»Sprache ist die Heimat des Menschen«, schrieb der Philosoph Heidegger. Sprache ist auch Bannung der frühkindlichen Ängste. Sprache ist zentral für ein sinnhaftes Erfahren der äußeren Welt, in dem großartigen »Symbolsystem Sprache« erfährt sie eine innere Ordnung. So werden die äußeren Dinge und Ereignisse mitsamt ihrer Fremdheit und dem gelegentlichen Erschrecken vor ihnen durch Sprache, durch das bewusste Benennen, zu einer eigenen seelisch-geistigen Realität. Wiederum wird die Basis dafür bereits mit den frühesten Bindungserfahrungen gelegt. Ich will dies an einer kleinen Beobachtung illustrieren.

Ich habe sie an meiner Tochter, die damals knapp zwei Jahre alt war, machen können. Sie veranschaulicht sehr schön, wie die Bindung an Mama und die an die Sprache unauflösbar ineinander wirken. Die Kleine rutschte den Flur entlang – zu der Zeit noch auf den Knien, ungelenk, aber mit einer verblüffenden (um nicht zu sagen: beängstigenden) Geschwindigkeit. Plötzlich hielt sie inne und krähte: »Schra, Schra.« Ich – der liebevolle Vater! – wusste sofort, was »Schra, Schra« bedeutet, »Schra« bedeutete Schrank.

Die Ursache dafür war, dass meine Frau, die von diesem Kind innig geliebte Mama, Schränke hegte und pflegte wie andere Leute ihre Briefmarken. Ständig machte sie sich an ihnen zu schaffen, erkannte hier und dort einen Fleck oder ein Staubfädchen, das keines anderen Menschen Auge zugänglich war, putzte und polierte und hatten offensichtlich viel Spaß dabei.

Nun war in der Psyche dieses Kindes Folgendes passiert. Zum einen war der Tochter mitten in ihrem vergnügten Rutschen den Flur hinunter urplötzlich eingefallen, dass der Schrank ja gar nicht mehr von ihr gesehen werden konnte, er musste aber gleichwohl noch »da« sein. Mama putzte ja fortwährend an ihm herum; Mama selbst war in der Küche, konnte aber von der Kleinen auch nicht mehr gesehen werden. Kurzum, wir reden wieder von der »Objektpermanenz«, der Dauer und Beständigkeit der Dinge und Menschen, unabhängig von der kleinkindhaften

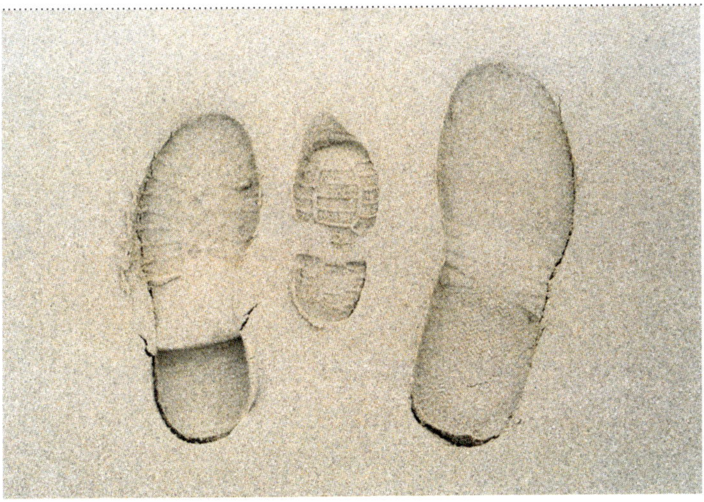

Wahrnehmung. Bevor es vor lauter Schreck in Tränen ausbrach, beschwichtigte das kluge Kind sich selber. Es rief ein inneres Bild, ein Vorstellungsbild vom Schrank in sich auf, bestätigte und fixierte es mit dem nun schon wieder vergnügt-krähenden Sprachlaut »Schra« und preschte los, um das untreue Möbelstück sogleich aufzusuchen.

Sie rutschte also, wiederum auf Knien, zurück, den Flur hinunter, nahm in atemberaubender Schnelligkeit die Kurve zur Tür, die ins Wohnzimmer führte. Und landete schließlich vor eben jenem Schrank. Ihr getröstetes »Schra, Schra« war laut genug, um von den vorübereilenden Leuten auf der Straße gehört zu werden.

Mit anderen Worten: Da waren zum einen dieser Schrank und die Tatsache, dass er von Mama gestreichelt, geputzt und geliebt wurde, da war zum Zweiten die für Töchterchen immer noch höchst befremdliche Erfahrung, dass die Dinge existieren, auch wenn sie gar nicht von ihr gesehen werden. Zum dritten beschwichtigten die Bindung an Mama und deren enge Beziehung zu diesem Schrank (der schon aus diesem Grund gar nicht weg sein konnte!) ihr kleines Erschrecken, und verlieh ihr die mutige Energie, sich den Schrank nunmehr vorzustellen und dieses Vorstellungsbild sprachlich festzuhalten – ein erster Schritt hin zum »Sprachbild«. Nun mussten diese hochkomplexen Vorgänge nur noch bestätigt und gefestigt werden. Deshalb drehte sich die Kleine um und hockte zuletzt jubelnd vor dem Schrank, diesem tröstlich-verlässlichen Möbel.

Eben diese gefühlte, aus Bindungen und Gefühlen und Weltwissen gefügte Sprache steht den AD(H)S-Kindern nicht oder nur begrenzt zur Verfügung. Daraus erwachsen später ihre häufigen Lese-Rechtschreib-Schwächen. Bei Kindern mit einer nicht hyperaktiven Aufmerksamkeitsstörung nimmt die Sprachentwicklung einen anderen Verlauf. Sie instrumentalisieren Sprache. Sie verfügen oft über eine hoch entwickelte Sprachbegabung, aber die vielen Worte und die – oft sehr früh entfaltete – korrekte Syntax sind emotional wenig mit den Sachen und Menschen verbunden. Ihre Sprache hat den Klang von Einsamkeit. Das macht später ihre Schwierigkeiten aus, mit anderen Kindern frei und ungezwungen zu kommunizieren.

Die gefühlte, aus Bindungen, Gefühlen und Weltwissen gefügte Sprache steht den AD(H)S-Kindern nicht oder nur begrenzt zur Verfügung. Daraus entstehen ihre häufigen Lese-Rechtschreib-Schwächen.

Beide haben aber in aller Regel dieselben Probleme. Wenn es auf den gefühlten und sinnhaften Kern der Sprache, das »semantische Erfassen«, ankommt, dann versagen sie.

Ein Kind, das nicht ausreichend mit der Sprache die Versöhnung mit den Dingen mitlernt, entwickelt oft eine Lese-Rechtschreib-Schwäche. Wenn wir heute von Legasthenie oder Lese-Rechtschreib-Schwäche sprechen, müssten wir in den meisten Fällen von Bindungsstörungen und frühen Symbolisierungsdefiziten auf der Grundlage der Bindungsstörung reden. Dies ist bei der weitaus größten Zahl aller unruhigen, unkonzentrierten, hyperaktiven Kinder der Fall.

Zusammenfassung

Die meisten Kinder mit AD(H)S haben Bindungsstörungen, die häufig bis in die frühe Kindheit zurückreichen. Es gibt vielfältige Gründe dafür.

> Kinder mit AD(H)S sind seelisch gestört, nicht körperlich.

> Eltern sind an »Bindungsstörungen« nicht schuld – vieles kommt zusammen, wenn eine solche Störung entsteht. Bevor Eltern sich in Selbstanklagen und Schuldzuweisungen erschöpfen, sollten sie sich auf die positive Nachricht konzentrieren: Gegen frühkindliche Bindungsstörungen lässt sich etwas tun.

> Bindung entsteht besonders in den ersten Monaten, aber auch weiterhin, in der intensiven Begegnung des Kindes mit der Mutter, mit dem Vater. Diese spiegeln dem Kind in ihrem Blick, in ihren Gesten die Gewissheit, dass es willkommen ist auf der Welt. Auch das »Begreifen« der Gegenstände und die Sprache sind wesentlich von positiven Bindungserfahrungen geprägt. Werden sie nicht regelhaft und verlässlich genug erworben, sind in jedem Fall Verhaltensstörungen die Folge.

> Eine Bindungsstörung ist immer ein erster Schritt in Richtung Unruhe, Unkonzentriertheit, auch in eine gewisse Art von Selbstverlorenheit des Kindes. Das Kind hat sich mit der Außenwelt nicht versöhnen können, alles stürzt ungefiltert auf es ein. Dagegen muss es sich zur Wehr setzen.

> Der Schlüssel zur freudigen und positiven Aneignung der Welt besteht darin, sich mit ihr zu »versöhnen«. Gelingendes Lernen setzt eine solche Versöhnung voraus.

Wie Eltern ihren Kindern wirklich helfen können

Grundlage für jede Hilfe ist die (Wieder-) Herstellung einer positiv-emotionalen Bindung, auch und vor allem beim Lernen.

Wie also kann ich meinem Kind helfen? Muss ich denn alles wissen, was ich bisher gelesen habe, um die Frage beantworten zu können: »Was können wir tun?« Die Antwort ist einfach: Ja, Sie sollten es wissen.

So sieht die Situation heute aus: Außer der riskanten Medikation mit Psychopharmaka gibt es keine sinnvollere Hilfe für aufmerksamkeitsschwache, unruhige Kindern als ihre Eltern, möglichst begleitet von einem therapeutischen Berater. Alle Hilfe kommt zuerst von den Eltern oder bleibt aus.

Ihr Wissen ist die Basis für einen geduldigen, gelassenen und liebevollen Umgang mit Ihrem Kind.

Funktionales Training der Konzentration, des Lesens und Schreibens hilft wenig

Ohne den Hintergrund des störenden Verhaltens zu kennen, verfällt man leicht auf vordergründig plausible, aber wenig hilfreiche Lösungen. Eine davon ist der Versuch, das Funktionieren der kindlichen Aufmerksamkeit, »Konzentration« rein technisch einzuüben, zu »trainieren«. Das kann gar nicht gut gehen. Erstens nicht, weil es Konzentration als solche gar nicht gibt, es gibt immer nur das ganz konkrete Konzentrieren auf diese oder jene Sache. Und zweitens, weil Ihr Kind sich durchaus »konzentrieren« kann – auf Lego-Figuren beispielsweise oder beim Memory-Spielen und auf Computerspiele erst recht (AD[H]S Kinder haben oft hohe visuelle Fähigkeiten). »Konzentration an sich« zu üben macht schon deshalb wenig Sinn.

Es gibt keine Konzentration als solche, sondern immer nur das ganz konkrete Konzentrieren auf diese oder jene Sache.

Wie soll ein Kind lernen, sich zu konzentrieren, wenn es sinnleere Linien in ihrem Verlauf nachzeichnet, immer zwei nach links, eine nach rechts usw. oder andere mechanische Trainingseinheiten absolviert? Nein, so wird das nichts mit der Konzentration!

Achtsamkeit und Aufmerksamkeit sind nur dann möglich, wenn sie von positiven inneren Bildern gestützt und »gefüttert« werden. Wir schauen uns gleich anhand von Lernbeispielen an, wie dies ganz praktisch aussieht.

Vielen Eltern leuchten solche mechanische Konzentrationsübungen aber erst einmal ein. Folge: Das Kind wird noch mehr unter Druck gesetzt. Dabei benötigt es gerade das Gegenteil. Sinnhafte Aufgaben, auf die es aus seinem kleinen Selbst seine Aufmerksamkeit richtet, die es mit Spannung und Stolz erfüllen.

Lerninhalte müssen sinnhaft sein, sie müssen eine lebendige Bedeutung für ein Kind haben. Sonst stürzt es sehr schnell in Langeweile, und Langeweile ertragen unsere ADSler noch weniger als andere Kinder.

Lerninhalte müssen sinnhaft sein und eine lebendige Bedeutung für Ihr Kind haben.

Wie ein Kind Aufmerksamkeit am besten lernt

Emotionale Wachheit statt erzwungene Schnelligkeit

Kinder mit Aufmerksamkeitsschwächen können keine Ordnungen einhalten. Dies ist – mehr als die Ablenkbarkeit – ihr Unglück. Entweder sie versinken buchstäblich in einer einzigen Aufgabe und vergessen dabei alles um sich herum, oder es gelingt ihnen überhaupt nicht, sich gegen irgendwelche Eindrücke und Einflüsse um sie herum abzugrenzen. Sie schauen irritiert hierhin und dorthin und finden sich in einer Aufgabe gar nicht zurecht, sagen schließlich hilflos: »Diese Aufgabe kann ich nicht.«

Wir sollten also besser von **mangelnder Organisation der Aufmerksamkeit** (für Fachleute: Stichwort Metakognition) reden statt von Aufmerksamkeitsschwäche. Sie ist nicht geschwächt, sie ist unzureichend geordnet. Das ist das Problem.

Eltern können es jeden Tag beobachten: Ihr Kind ist urplötzlich nicht in der Lage, eine Aufgabe anzugehen, ja, sie überhaupt zu begreifen, obwohl es dieselbe oder eine ähnliche Aufgabe am Tag zuvor durchaus gelöst hat. Hier wird es deutlich: Nicht die Leistungsfähigkeit des Kindes, nicht sein Lernvermögen, nicht seine Bereitwilligkeit sind die Hauptverursacher seines »Ich kann das nicht«, sondern seine Unfähigkeit, in der Aufgabe – egal ob Schrift oder Zahl, ob Semantik oder Logik – eine sinnvolle Ordnung zu entdecken. Insofern kann es seine Aufmerksamkeit nicht »organisieren«, seine Konzentration nicht ordnen und nicht festhalten, sie entgleitet ihm, und es fängt an, vor sich hinzuträumen oder unruhig nach irgendeinem Gegenstand auf seinem Schreibtisch und gleich darauf zum nächsten zu greifen.

Mit Nähe und Kontrolle die Aufmerksamkeit ordnen

»Nähe und Kontrolle« sind weitere Schlüsselworte für eine sinnvolle Hilfe. Zum einen benötigen diese bindungsschwachen Kinder nach der Erledigung jeder Aufgabe den anerkennenden Blick einer geliebten erwachsenen Person, am besten Mama oder Papa. Erst dann verankert sich der Stolz auf das Geleistete gemeinsam mit den Lerninhalten ganz in dem kleinen Kopf. Ohne emotionale Nähe und Bindung gibt es kein nachhaltiges Lernen!

Ohne emotionale Nähe und Bindung gibt es kein nachhaltiges Lernen!

Aber gleichzeitig müssen Eltern eine stabile Struktur für die Zeit des Lernens vorgeben, sonst ist der kleine Zappelphilipp oder die kleine Trödelliese glatt überfordert. Es ist schon eine ganz eigene Kunst, eine Erziehungskunst, die richtige Balance zu finden zwischen diesen beiden Verhaltensweisen: »Ich sitze mit meinem Kind am Arbeitstisch und kontrolliere es« und »Ich achte darauf, wann ich mich behutsam zurückziehen kann, um den Kleinen zur Selbstständigkeit und Selbstreflexion zu ermutigen«.

Ganz am Anfang ist es unumgänglich, dass Mama oder Papa mit am Arbeitstisch sitzen. Erstens ist Mamas oder Papas Beispiel wichtig. Ihr Vorbild zeigt dem Kind, das ja zu Beginn des Lernen noch voller Abwehr ist, dass seine geliebte Mama, der respektierte Papa oder Großvater ganz »cool« mit diesem ermüdenden Lernstoff umgehen.

Schreibt sich leicht hin, ist aber schwer zu machen. Sie sollten nämlich zu Beginn des Lernens nicht nur entspannt sein, sondern richtig »vergnügt«. Das können Sie sich zurzeit überhaupt nicht vorstellen? Warten Sie, bis Sie die folgenden Seiten gelesen haben!

Kinder sollten zu Beginn des Lernens nicht nur entspannt sein, sondern richtig »vergnügt«.

Entspannt, gelassen, »cool« und gut gelaunt – an solcher Elternhaltung zerschellt aller Unmut eines Kindes. Ihr Verhalten wirkt ansteckend. Jetzt wendet es sich schon viel zuversichtlicher den »blöden Hausaufgaben« zu. Sie lächeln. »Bin stolz auf dich, mein Kind!« Das ist mehr als die halbe Miete und Garantie für eine stressfreie Hausaufgabenstunde.

Ihrem Kind zeigen, dass Sie stolz auf seine Leistung sind, ist die halbe Miete.

Dabei dürfen Sie zwischendurch auch ruhig einmal streng sein. »Hier geht's weiter, mein Sohn, trödel nicht rum, sonst sitzen wir morgen früh noch hier!« Streng dürfen Sie sein, aber niemals lieblos. Also nicht herummeckern – einer der häufigsten Elternfehler, der ganze Nachmittage mit Tränen und quälend zerdehnten Stunden mit Hausaufgaben einleitet. Völlig überflüssig!

Es gibt auch eine »unterstützende« Strenge. Sie sieht so aus: Mit entschiedener, aber gleichwohl zugewandter und gelassener Stimme machen Sie deutlich, dass das Lernen nun zu diesem Nachmittag gehört wie die Sonne oder der Regen draußen. Ihre Stimme und Ihr ganzes Verhalten signalisierten dem Kind: »Daran führt jetzt kein Weg vorbei, aber wir zwei beide, wir schaffen das schon. Komm, ich zeig's dir!«

Streng dürfen Sie sein, aber niemals lieblos.

Lernen wie ein feststehendes Ereignis, so sicher wie der Himmel oben und die Erde unten. AD(H)S-Kinder mehr noch als alle Kinder empfinden diese Klarheit (diese Unumgänglichkeit) in der elterlichen Haltung wie eine innere Befreiung. Kinder haben ja ihr ganzes kurzes Leben lang gelernt, sich immer wieder an neue Lebensbedingungen anzupassen, auf diese Weise sind sie größer und klüger geworden (jedenfalls ein klein wenig!). Anpassung gelingt ihnen viel besser als »Gehorchen«. Die freundlich-bestimmte Haltung des Erwachsenen ist wie ein Ordnungsfaktor in einer ansonsten höchst ungeordneten realen und seelischen Kinderwelt.

Nun liegen die Hausarbeiten also wie ein Block vor dem Kind. Nun wird es höchste Zeit, es seelisch an die Hand zu nehmen. Das Erste: Sie machen die Zeit des Lernens für den Kleinen oder die Kleine überschaubar (damit dieser Block nicht allzu bedrohlich in den schönen Nachmittag hineinragt), und das Zweite: Sie teilen diese gesamte Lernzeit auf in viele kleine Lerneinheiten. Jede nicht länger als höchstens 15 Minuten.

Das geht so: Bevor das Lernen losgeht, vereinbaren Sie mit Ihrem ADS-Kind, wie lange gelernt wird. Am besten jeden Tag dieselbe Lernzeit, am allerbesten immer an demselben Schreibtisch und immer zu derselben Zeit. Kinder sind, wie gesagt, Gewohnheitswesen. Das erspart viele Diskussionen und endloses Nörgeln und möglicherweise Schimpfen, bevor Sie gemeinsam mit der Lernerei überhaupt angefangen haben. Auch Gewohnheiten sind Ordnungsfaktoren, und diese Kinder sind immer auf der Suche nach stabilen, unumgänglichen Ordnungen. Ihre unordentliche Seele richtet sich sozusagen an solchen stabilen äußeren Ordnungen auf.

AD(H)S-Kinder haben kein oder ein sehr ungenaues Zeitgefühl. Sie haben das Gefühl, dass sie jetzt den ganzen langen Nachmittag vor ihren Aufgaben hocken sollen – »Das hört ja nie auf!« –, Zeit ist wie ein großer Berg, der sich vor ihnen auftürmt, so hat es der amerikanische Psychiater und Wissenschaftler Paul Barkley beschrieben. Dieses diffuse Zeitgefühl weckt natürlich Unbehagen und Widerstand. Also: Klare Überschaubarkeit, feste, aber erträgliche Zeitstrukturen. Wie machen wir das?

Wir merken uns einen grundsätzlichen Lehrsatz für richtigen Umgang mit ADSlern: »Zeigen, nicht viel reden.« Das heißt hier konkret: Sie schauen mit Ihrem kleinen Schulkind auf die Uhr, weisen mit dem Zeigefinger auf den großen Zeiger und sagen: »Schau genau hin, Söhnchen/Töchterchen.« Haben Sie seine Aufmerksamkeit auf die Uhr gelenkt, fahren Sie fort: »Pass auf, wenn dieser große Zeiger, der jetzt auf der 12 steht, auf die 9 vorrückt, dann hören wir auf! Versprochen!« Das bedeutet eine Dreiviertelstunde lernen. Mehr als genug für ein Grundschulkind! In den beiden ersten Klassen reicht eine halbe Stunde.

Der grundsätzliche Lehrsatz für richtigen Umgang mit ADSlern: »Zeigen, nicht viel reden.«

Und noch mal: Was für eine Erleichterung für das Kind. Endlich weiß es, woran es ist. Zugleich haben Sie mit Geduld und Ihrer ganzen Person und mithilfe des »Zeigens« das Lernen wie eine unumstößliche Tatsache »fest gestellt« – im direkten Sinn dieses Wortes. Damit kommen die impulsiven Kinder gut zurecht.

Es kann übrigens durchaus vorkommen, dass Ihr 8-Jähriger während Ihrer Erläuterungen lauthals dazwischenruft: »Ich kenne doch die Uhr, Mama/Papa, du musst nicht immer alles so umständlich zeigen!« Was machen Sie dann? Hier der zweite Lehrsatz: »Erst die Bindung, dann die Ordnung« oder »Erst die Zuwendung, dann der Gehorsam« oder »Erst die Liebe, dann die Autorität«. Was heißt das konkret? Schauen wir mal!

Als Erstes also freuen Sie sich, weil Ihr Kleiner so clever ist, das teilen Sie ihm mit knappen Worten (»echt schlau«) oder mit breitem Grinsen mit (Bindung!). Dann schauen Sie ernst (nicht ohne ein bisschen verschmitzte Ironie) und antworten: »Hör zu Sohn/Tochter. Wenn ich rede, hast du Pause!« (Autorität!)

Sie können auch andere Worte wählen, freundliche, weiche. Oder ganz knappe und klare. Es kommt dabei nicht auf Ihre Worte an, sondern auf die Klangfärbung Ihrer Stimme. Die nimmt dieses hochsensible unordentliche Kind intensiv auf! Ist sie schroff, läuft garantiert alles schief. Ist sie liebevoll, trotz, nein wegen ihrer »guten Autorität«, dann horcht der Kleine auf.

Erinnern Sie sich noch an unseren ersten Lehrsatz, beim Lernen ist er ganz wichtig: In keinem Fall geben Sie langatmige Erläuterungen von sich. Prägen Sie es sich ein. Mit AD(H)S-Kindern soll man nie mehr als drei Sätze hintereinander reden. Zwei Sätze sind besser! Prägen Sie es sich also ein wie ein inneres Stoppzeichen – und üben Sie: Zwei Sätze! Stopp! Kein Wort mehr!

Das klingt einfach. Aber Sie werden merken, wie schwer es Ihnen fällt, auf umständliche Erklärungen und moralische Ermahnungen zwischendurch zu verzichten. Also bitte trainieren, weil es so wichtig ist. Kaum holen Sie tief Luft, um Ihr Kind mit den Prinzipien des Lebens und des Lernens bekannt zu machen, da pusten Sie bitte die Luft laut und deutlich wieder aus. Puh! Und rufen sich in Erinnerung: Nicht viel reden – nie mehr als zwei Sätze hintereinander (jedes weitere Wort nimmt vielleicht die Tür oder die Wand zur Kenntnis, Ihr AD(H)S-Kind jedenfalls nicht), sondern zeigen. Wie gesagt, man kann das üben.

Zurück zum Lernen: Nun ist also alles geklärt, ein grundsätzliches Feld des Wohlwollens und der Neugier ist bereitet, und der

Kleine weiß genau: Ewig dauert das hier nicht, nur bis der Zeiger (verstohlener Blick auf den Zeiger) auf der 9 steht. (Leider hat er sich erst um eine knappe Minute nach vorn bewegt, aber das schafft Ihr Kind schon!) Es spannt jetzt seinen Willen und seine Intelligenz an. Irgendwie macht das alles ja auch Spaß.

Die Dreiviertelstunde des Lernens sollten Sie außerdem noch einmal unterteilen: zehn Minuten Schreiben und Lesen, zehn Minuten Rechnen, dazwischen eine »Witzpause« usw. – je kleiner und übersichtlicher die Zeiteinheiten, desto intensiver die Konzentration. Hierzu eine lernpsychologische Einsicht: Vom Gelernten behalten Kinder das, was am Anfang und das, was am Ende stand. Gut »getimte« Pausen sind also wichtig für das Gedächtnis und überhaupt jeden Lernerfolg.

Lesen und Schreiben

Wir haben – etwas abstrakt – von den Symbolisierungsschwächen der ADS-Kinder gesprochen, etwa 80 Prozent von ihnen haben deshalb auch Lernstörungen. Sie werden im pädagogischen Jargon »Teilleistungsstörungen« genannt, am weitaus häufigsten ist die »Lese-Rechtschreib-Schwäche«.

Sie sollte möglichst frühzeitig angegangen werden, am Ende der zweiten Klasse macht sich eine sogenannte LRS bemerkbar. Aufmerksame Lehrer oder Therapeuten bemerken sie deutlich eher. Aber zum Ende des 2. Schuljahres hin ist es ja noch rechtzeitig genug.

Sie müssen auch keine Privatdiagnostik betreiben und nicht beim ersten Anzeichen von Schreibschwächen gleich einen Test anfertigen lassen. Eine LRS kann man gar nicht übersehen! Die feineren Differenzierungen, die ein Test hervorbringt, helfen Ihnen bei der praktischen Unterstützung des Kleinen eh nicht viel.

Ganz allgemein halten wir fest: Übungen, die die Schriftzeichen, das erschließende Lesen und zu Anfang das Alphabet mit lebhaften Gefühlen, der neugierigen Mentalität, der erlebnishungrigen Seele Ihres Kindes verbinden, sind hilfreich. Mit oder ohne Diagnose. Verplempern Sie keine Zeit mit formalen Dingen, fangen Sie gleich ganz konkret, aber auch einfallsreich, kreativ an. Eine solche zupackende Haltung, die sich nicht hier und dort erst noch absichert, wissen die Kleinen in der Regel sehr zu schätzen.

Aber immer langsam, gelassen, behutsam – Übereifer schadet nur und erzeugt das Gegenteil von dem, was gewollt ist.

Im Übrigen empfiehlt sich für viele AD(H)S-Kinder eine gute Lerntherapie. Lerntherapeuten haben heute eine sehr solide Zusatzausbildung. Sie können sich intensiver und kenntnisreicher auf ein Kind und seine Defizite einlassen, als dies in der Schule der Fall ist. Lerntherapie ist Heilpädagogik mit einem ganz konkreten, eingegrenzten Lernziel.

Nun ist es leider so, dass viele Lerntherapien nur fortsetzen, was in der Grundschule und ihren Didaktiken schon vorgeschrieben ist. Das ist nicht falsch, aber eben nicht ausreichend.

Auch versuchen manche Lerntherapeuten, auf einer nur technischen Lernebene »Leistungsdefizite auszugleichen«. Nein, das reicht nicht! Die Lernschwächen sind ja, wie wir gesehen haben, nicht in den formalen intellektuellen Bereichen zu finden, sie sind lebensgeschichtlich begründet, sie haben ihre Ursache in der frühen Entwicklung eines Kindes. Also muss auch das Lernen an diesen frühen geistig-seelischen Verlusten ansetzen.

Lernschwächen sind lebensgeschichtlich begründet, sie haben ihre Ursache in der frühen Entwicklung eines Kindes.

In verschiedenen lerntherapeutischen Verbänden werden diese über den reinen »Lernstoff« hinausgehenden Methoden heftig diskutiert und von guten Lerntherapeuten auch einfallsreich umgesetzt. Werden Lernstörungen sehr auffällig, ist ein kinderpsychiatrisches Gutachten durchaus hilfreich. In vielen Bundesländern können die Lehrer – meist auf Beschluss der Klassenkonferenz – daraufhin die Schreibleistungen oder das Rechnen aus der Benotung herausnehmen.

Ansonsten gilt für alle Kinder, getestet oder nicht, leicht, mittel oder schwer »teilleistungsgestört«, ein und derselbe Grundsatz. Lernen gelingt erfolgreich nur, wenn alle Gefühle mit im »Spiel« sind. »Wenn Ihr's nicht erfühlt, Ihr werdet's nicht erjagen«, das sagt Goethes »Faust« und es stimmt! Auch für unsere lernschwächeren Kinder.

Was nicht gefühlt wird, wird nicht erinnert! Also Erinnerungen aufrufen und ihnen mit Schreiben und Malen eine eigene Gestalt geben, ein Produkt, auf das das Kind stolz ist und das ganz viel mit ihm persönlich zu tun hat. Mit seinem Leben, seinen Abenteuern, seinem Ich. Solches Lernen funktioniert. Und darüber hinaus stabilisiert es das unruhige Kinder-Ich.

Was nicht gefühlt wird, wird nicht erinnert!

Auch hier sind Sie, die Eltern, allen Fachleuten weit überlegen. Warum? Ganz einfach, weil Ihr Kind sie lieb hat und weil es Ihnen so unendlich vertraut ist, weil Sie immer schon, sein ganzes Leben lang, an seiner Seite waren. Kein Lern-Profi kann diesen Vorsprung einholen.

Sie können mit dem Lernen tiefer als irgendwer sonst in die gemeinsamen Erinnerungen eintauchen (die komischen, peinlichen – die machen besonders viel Spaß! – die berührenden), kurzum, in das gefühlte Selbst Ihres Kindes eindringen.

Außerdem müssen wir immer beachten: Lachen mit Mama oder Papa, Spaß haben und sich anstrengen mit den beiden wichtigsten Personen im Leben eines Kindes greift immer tiefer und prägt immer nachhaltiger als alle professionelle Hilfe. Vorausgesetzt, dass Sie es richtig machen.

Die moderne Gehirnforschung geht davon aus, dass wir uns nur das wirklich und nachhaltig einprägen, was positiv emotional gebunden ist.

Noch einmal mit anderen Worten: Beim Lernen müssen wir einen Weg finden, auf dem wir auf die kindlichen Bindungsgefühle und auf das frühe kindliche Entdecken der Welt im Rahmen der Familie zurückgreifen. Hier liegen ja, wie wir gesehen haben, die Ursache der Lerndefizite. Hier verstecken sich in unserem Gedächtnis aber auch die schönsten, buntesten und »komischsten« Erlebnisse von Mama, Papa, Kind. Mit jedem freundlichen Erinnern ist ein Lernklima ausgebreitet, das außer Eltern niemand auf der Welt einem Kind bieten kann.

Wir haben gesehen, dass unsere kleinen ADSler die Welt der Objekte nicht ausreichend emotional aufgenommen, eingeatmet und verinnerlicht haben. Sie haben sich nicht ausreichend mit der äußeren Welt »versöhnt«, aber sie haben eine ständig wirbelnde Sehnsucht danach. Eben diese kann eine kräftige Motivation fürs Lernen sein. Schauen wir, wie das geht!

Jede Familie hat viele Geschichten

Das Erlernen der Buchstaben wird viel einfacher für ein Kind, wenn wir jeden Buchstaben mit einer kleinen Familiengeschichte verbinden.

Dazu zwei Beispiele: Bei meinen Kindern war das »A« verknüpft mit dem Bild des Eiffelturms. Warum? Ich war über längere Zeit beruflich häufig in Paris.

Für Kinder kann die Abwesenheit von Papa auch spannend sein. Zum einen ist es traurig: »Jetzt fährt der schon wieder weg!« Zum anderen ist es aufregend: »Morgen kommt er zurück.« Zum Dritten bringen Väter immer irgendetwas mit, das versöhnt ganz entschieden mit ihrer Abwesenheit.

Meiner Tochter brachte ich u.a. eine Karte vom Eiffelturm mit. Wir haben sie zusammen ganz lange und ganz genau angeguckt, studiert sozusagen. Mitten in der Stadt so ein riesiges Eisengerüst, ist ja Wahnsinn!

Zum Lernen kramte ich die Karte wieder hervor. Wieder gemeinsames Anschauen! Beim Betrachten des Bildes kommen bei beiden – Papa oder Mama und Kind – eine Menge Bindungsgefühle auf. (Im Übrigen waren wir beide uns ganz einig: »Dieser Turm ist ja grandios hässlich.«)

Daraus folgte ein kleines Lernspiel. Die Tochter (einer der Söhne machte immer eifrig mit!) malte den Eiffelturm nach, dann ließen wir hier ein Detail und dort ein Detail verschwinden – bis zuletzt nur das rohe Gerüst, sozusagen das Skelett des Eiffelturm übrig blieb: Ein einwandfreies A!

Wie vielfältig seelisch verknüpft dieser erste Buchstabe im Alphabet nun geworden ist. Zugleich öffnet sich in dem kleinen Kopf der Zugang zu all diesen (»komischen«) alphabetischen Zeichen.

Jeder einzelne Lernschritt hat die Tendenz, alle ähnlichen Lernschritte anzustoßen. Jedenfalls macht das Alphabet keine Angst mehr, sondern Spaß. Sie dürfen damit also beruhigt schon vor der Schule anfangen – aber, bitte, ohne Ehrgeiz!

So machen Sie es bitte mit allen Buchstaben, die Ihr Kind in der Schule lernen soll. Zu jedem C und F usw. findet sich eine kleine Familiengeschichte, eine Erinnerung. Sie müssen halt gemeinsam ein wenig nachgrübeln. Was war da doch noch mal mit dem V? Das stärkt nebenbei auch den familiären Zusammenhalt, wie jedes gemeinsame Spiel.

Die erinnerte Geschichte ist gleichsam das »Transportmittel«, mit dem die alphabetischen Zeichen in das Bewusstsein der Kinder eingesenkt werden – und sogar tiefer, in die Gefühle, in die Bindungen, in das Unbewusste hinein.

Ich erinnere mich noch genau an das »D«. Einer meiner Söhne war ein »klassischer« AD(H)S-Junge mit einer Hyperaktivität, für die man damals eigentlich ein dramatischeres Wort hätte erfinden müssen. Wie viele ADSler hatte er zugleich ein tiefes sentimentales Mitgefühl für alle hilflosen Wesen, für kleine Kinder ebenso wie für Tiere.

Eines Tages fanden wir auf einem Spaziergang einen Schmetterling. Er war tot, und außerdem war dem unglücklichen Wesen ein Flügel abgerissen, der andere hing noch an seiner Seite. Das brachte erst den Sohn und dann – aus lauter Geschwistersolidarität! – auch die Tochter schier zur Verzweiflung, die beiden weinten den ganzen langen Heimweg über den armen, toten Schmetterling. Daraus ergab sich danach eine lange Geschichte mit Tröstung und Beerdigung und was wir sonst noch alles gemacht haben.

Das war jetzt in seinem (und ihrem) Kopf. Nachdem sich die beiden empfindsamen Seelen wieder einigermaßen beruhigt hatten und schon wieder ganz vergnügt und lebensfroh aus den Augen schauten, wendeten wir uns abends vor dem Schlafengehen dem Alphabet zu. Der Sohn hatte, wie fast alle ADSler, eine mächtige Lese- und Rechtschreibschwäche, die Kleine war schon ein Jahr vor der Schule kaum zu bändigen, wenn es um Lesen und Buchstabenmalen ging.

Das »D«, erläutert ich belehrend, sieht – »schaut genau hin!« – haarscharf so aus wie dieser Schmetterlingsflügel. Fanden die beiden auch, und waren schon am Zeichnen. Erst der wunderschöne, aber so unglückselige Flügel des toten Tieres, dann nur die Form, gleichsam das Skelett, davon. Allein dieses Zeichnen von der nachgemalten realen Gestalt hin zur vereinfachten (abstrakteren) Form ist ein Lernvorgang für sich. Und das Skelett, die reine grobe Form, sah – wie beim Eiffelturm – genauso aus wie der Buchstabe. Das »D« vergaßen beide nie wieder!

Jeder Lernschritt wird »generalisiert« – heißt in die deutsche Sprache übersetzt: Was ein Kind sich beim Erlernen eines Buchstaben oder eines Wortes einmal nachhaltig eingeprägt hat, das überträgt der kleine Geist sogleich auf alle (strukturell gleichen) Lernvorgänge. Wir hatten mit »A« und »D« und den vielen beteiligten Emotionen den Zugang zum Alphabet als Ganzem erschlossen.

Kinder haben viel Fantasie und manchmal wenig Rechtschreibkenntnisse

Man kann hundert solcher Geschichten, allesamt auf einem gemeinsamen Erfahrungshintergrund, ins Lernen einbeziehen. Die emotional positiven Erlebnisse stecken tief im Gedächtnis eines Kindes, in seinen »Erinnerungs-Gefühlen«. Mit ihrer Hilfe lernt jedes Kind eifrig und gespannt (AD[H]S-Kinder können meist viel besser lesen als schreiben; ist ja klar: Schreiben dauert einfach zu lange!).

Kinder lernen lesen und schreiben am liebsten in exakt diesen drei Schritten: 1. Bindungsgefühle, 2. die Welt hat eine Ordnung, eine Gestalt, und dann 3. Sprache und Schrift sprechen und zeichnen, summen und singen usw. Diese Ordnung, diese Gestalt und Struktur machen sie sich »zu eigen«. So lernen Kinder nachhaltig. Eingepaukt, also rein funktional, lernen sie nur kurzfristig und vergessen das Gelernte schnell.

Nichts ist unsinniger, als zwanzigmal einen Buchstaben hintereinander schreiben zu lassen oder ebenso schematisch Groß- und Kleinschreibung mit abstrakten Regeln einzupauken. Das kann man sich eigentlich auch an zwei Fingern abzählen!

Mein Sohn kam tatsächlich eines Tages mit der Aufgabe nach Hause, zwanzigmal »B« in sein Heft zu kritzeln, damit es sich »einprägt«. Nun stellen Sie sich einen kleinen lebhaften und immer etwas »speedigen« Jungen vor, wie er über den Tisch gebeugt dahockt und schreibt: Einmal, zweimal, ..., vierzehnmal, etc: »B«. Da sind Tränen garantiert und ein tiefsitzender Hass gegen alle »B« dieser Welt auch.

Häufig ist es so, und viele Eltern werden es bestätigen können, dass ihr Kind zu Hause wild sprudelnd die einfallsreichsten und fantasievollsten Geschichten erzählt. Sie sagen: »Ja, dann schreib das doch mal auf!«

Genau das fällt unseren AD(H)S-Kindern endlos schwer. Zum Schluss stehen oft völlig zusammenhangslose Sätze oder sinnlose Worte auf dem Papier. Was Ihr Kind in seinem fantastischen und emotionalen Erleben mit innerem Reichtum präsent hat, kann es einfach nicht auf die symbolische Ordnung von Sprache und Schrift übertragen. **Das** ist sein Defizit, nicht mangelnde Konzentration oder Aufmerksamkeit. Genau hier müssen Sie ansetzen. Ich habe bei der Behandlung von »aufmerksamkeitsgestörten« Kindern damit glänzende Erfahrungen gemacht und entsprechende Lerntherapien entwickelt.

Ich bin schlauer als Mama – sogar beim Lesen

AD(H)S-Kinder sind ehrgeizig, noch ehrgeiziger und wettbewerbsorientierter, als Kinder ohnehin sind. Das machen wir uns jetzt hemmungslos zunutze.

Aus Wörtern und Sätzen und Satzkonstruktionen kann man mit ein wenig kreativem Nachdenken eine Fülle von kleinen Wettbewerbsspielen erfinden. Jedes Spiel ist Einübung in Buchstaben, Wörter und Zahlen – ich nenne einige Beispiele. Weitere können Sie mühelos selber austüfteln. Sie werden dabei merken, dass es richtig Freude macht, mit Lernstoffen kreativ umzugehen. Anders werden unsere ADSler das Lernen ohnehin nie lernen. Aber mechanisch und stur? Daraus wird nie und nimmer etwas Gutes!

Schreiben fällt diesen Kindern schwer, am besten erfinden Sie zunächst eine Reihe von Lernspielen, die zum einen ein bisschen verrückt sind und zum anderen mit Sprache und Worten und der Aufgliederung der Worte in Silben zu tun haben. Zum Beispiel das Wortketten-Spiel. Das geht so:

Ihr Kind sagt ein Wort, Sie antworten mit einem neuen Wort, das mit seiner ersten Silbe die Endsilbe des Wortes, das Ihr Kind genannt hatte, aufnimmt. Beispielsweise so – Kind: »Standbein«, Sie (weil Sie so clever sind!): »Beinahe!« Ja, darauf muss man erst mal kommen! Aber für Ihr Kind machen Sie's einfacher. Sie: »Beinschmerzen«, Ihr Kind: »Zentner«, Sie: »nervlich« [»nervlich« sind Sie wie alle Eltern von AD(H)S-Kindern eh fast am Ende!] – und immer so weiter. Wem als Erstem kein Wort mehr einfällt, hat verloren!

Sie merken, gar nicht so einfach! Aber wir fangen ganz bewusst nicht mit simplen, sondern mit schwierigen Sachen an. ADSler lassen sich gern herausfordern. Außerdem unterschätzen wir ihre Intelligenz oft, weil sie mit ihrer Rumzappelei und Unruhe ihre geistigen Fähigkeiten gar nicht richtig zur Geltung bringen. Auch darum geht es beim Lernen: Das Kind lernt, stolz auf seinen Verstand zu sein.

ADSler lassen sich gerne herausfordern!

Allerdings verlieren sie nicht gern – das könnte jetzt zu einem Problem werden. Denn bei diesem doch recht anspruchsvollen Kettenspiel werden Sie wahrscheinlich Sieger bleiben. Macht nichts, auch verlieren will geübt sein!

Aber im nächsten Spiel sollten nun unbedingt Sie verlieren. Sonst wäre der oder die Kleine vermutlich seelisch überfordert.

Also ein einfaches Spiel, in dem es um – nicht vorher festgelegte – Schnelligkeit geht – da sind die impulsiven Kids unschlagbar. Dazu gibt es ein schönes, uraltes Spielzeug: eine Drehscheibe, die auf einer festen Scheibe mit allen Buchstaben liegt. Oben dreht sich eine Scheibe mit einer kleinen Öffnung, darunter liegt die Scheibe mit den Buchstaben. Sie oder das Kind drehen, die obere Scheibe bleibt bei einem Buchstaben stehen, durch die Öffnung kann man ihn lesen. Jetzt gilt's: Wem als Erstem ein Wort einfällt, das mit eben diesem angezeigten Buchstaben beginnt, kriegt einen Punkt. Sie spielen bis 20.

Sie wundern sich? So lange hält mein kleiner Zappelphilipp oder mein Trödelliesen doch nie durch! Wahrscheinlich irren Sie. Bei solchen visuellen Geschwindigkeitsspielen sind gerade diese Kinder ausdauernder als andere – meist auch begabter. Und was man gut kann, macht Spaß. Das geht ja nicht nur ADSlern so!

Diesmal passen Sie also auf, dass Sie verlieren. Wahrscheinlich müssen Sie aber gar nicht so genau aufpassen: Diese Kinder sind mit Worten und Worterfindungen ungemein schnell. Da haben Sie Mühe, nachzukommen.

Mit ebender Geschwindigkeit, die ohnehin den ganzen Tag durch seinen kleinen Kopf saust, starrt Ihr Kind auf den Buchstaben, ruft laut – und manchmal etwas zu laut! – das erstbeste Wort, das ihm durch den Kopf schießt und – wir haben es ja gewusst: Es ist oft schneller als Sie. Mit Eifer und Spannung wird der Buchstabe eingeprägt, dann wird mit ihm ein Wort gefunden (schnell, ganz schnell!) und das Wort wird ebenso intensiv wahrgenommen – und erinnert. Schnelligkeit und Erfindungsreichtum und Gewinnen – ein Lernparadies für AD(H)S-Kinder.

Schnelligkeit und Erfindungsreichtum und Gewinnen – ein Lernparadies für AD(H)S-Kinder.

Ihnen brennt schon die ganze Zeit ein Einwand auf dem Herzen: Aber das Kind muss doch haargenau den vorgegebenen Lernstoff lernen, zum Beispiel das Dehnungs-h, wenn's gerade an der Reihe ist, oder Adjektive und Adverbien, wenn sie im Lehrplan stehen oder sonst was! Sie irren schon wieder – tut mir leid!

Ihr Kind soll nicht Lernstoff einpauken, es soll lesen und schreiben lernen, das sind zwei sehr verschiedene Dinge. Dass manche schlechten Lehrer (leider viel zu viele) das eine nicht vom anderen unterscheiden können, ist ja nicht Ihr Problem, Ihr Kind sollte darunter auch nicht leiden. Sicher, es gibt immer wieder einmal Lernphasen, da muss man auch mal etwas ganz mechanisch »einpauken«. Die sind aber die Ausnahme, nicht – wie heute oft – die Norm. Sonst geht Lernen schief!

Ihr Kind – wir wiederholen alle im Chor! – soll die wunderbare Kulturtechnik der Schrift beherrschen, nicht für die Schule pauken. Das gilt für alle Kinder, für die ADSler aber besonders.

Planmäßig, Schritt für Schritt, immer auf ein fixiertes Lernziel hin zu lernen, das schaffen diese Kinder nie. Sie lernen dabei nur, dass sie nicht können, was andere können – und werden entmutigt und zuletzt störrisch.

Was nicht heißt, dass Sie sich nicht – entlang meinen Anregungen – mit eigener kreativer Kraft viele weitere Lernspiele ausdenken dürfen, die Sie so nah wie möglich an den schulischen Lernstoff anlehnen. So schwer ist das nicht! Auch für das Erfinden von Lernspielen gilt, was fürs Lernen allgemein Gültigkeit hat: Wer zwei oder vier solcher »Spiele« gefunden hat, dem fallen weitere wie im Schlaf ein. Hat man das Prinzip verstanden, ist die variierende Anwendung nicht mehr schwer!

Diktate üben? Erst mal zuhören lernen

Also weiter mit unseren Lernspielen. Nehmen wir an, Ihr Kind hat ein Diktat als Hausaufgabe. Ich wiederhole mich: Wenn Sie es jetzt zwingen wollen, diesen vorgegebenen Text ordentlich, sauber und korrekt in sein Heft zu schreiben, werden Sie scheitern – beide. Das Kind und Sie. Tut Ihnen beiden nicht gut. Also lassen Sie es. Wie machen Sie es richtig?

AD(H)S-Kinder haben meist performative – also grob gesagt: schauspielerische – Begabungen. Sie lieben Dramatik, Lautstärke und ihre eigene Stimme. Das nutzen wir jetzt wiederum schamlos aus. Sie nehmen ein Diktafon (Kassettengerät oder einen MP3-Player), sprechen wie ein routinierter Radiomoderator einige für das Kind schmeichelhafte Sätze hinein (»Meine Damen und Herren, einer der glänzendsten Leser auf diesem Erdball wird Ihnen jetzt einen hochinteressanten Text zu Gehör bringen …« oder so ähnlich) – und dann lassen Sie das Kind den Diktattext vorlesen. Aber mit Kraft, Dramatik, Betonung und Übertreibung. Das Diktafon nimmt alles auf.

AD(H)S-Kinder lieben Dramatik, Lautstärke und ihre eigene Stimme.

So macht's Spaß und übt ganz nebenbei – beim Vorlesen – das Zuhören. Die imaginären Hörer hören natürlich nicht zu, aber Ihr Kind! Und wie! Jedem von ihm selber gelesenen Wort horcht es angestrengt hinterher. Konzentrierter als auf die eigene Stimme sind wir alle nie beim Hören.

Außerdem waren Sie mit Ihrer kleinen Moderation witzig und haben Ihr Kind kräftig gelobt. Witz und Lob, das ist für Zappelphilipp pures Futter für seine Konzentration und Aufmerksamkeit und für seinen so oft gebeutelten Kinderstolz.

Er liest also. Vielleicht liest er nicht übermäßig gut, vielleicht nicht wirklich sinnhaft. Sie machen bitte jetzt genau **nicht** das, was Ihnen als Erstes einfällt. Sie korrigieren nicht. Sonst hätten Sie die ganze Übung sein lassen können – seine Motivation würde dann nämlich in sich zusammenstürzen wie ein Kartenhaus.

Sie tun genau das Gegenteil. Sie grummeln leise vor sich hin, während Ihr Kind voller Eifer liest: »Er macht das großartig, viel besser als gestern ... Ja, ja, ja, genau so ist es richtig« (mindestens dreimal Ja, jedes Ja aus Mamas, Papas oder Großvaters Mund geht dem Kleinen rein wie heiliges Wasser einer dürstenden Seele). »Eine Spitzenleistung«, sagen Sie.

Und gleich nochmal: Eine lautstarke Betonung des kleinen Vorlesers an einer völlig sinnentleerten Stelle? Nicht korrigieren! Sondern: Sie nicken. »Jawoll (mit Doppel-l), genau so ist es gut.« Sie ermutigen auf Biegen und Brechen und stellen Ihre kontrollierenden Ordnungsbedürfnisse ganz weit hintenan. Ihr »Jawoll« bestärkt Ihr Kind nämlich keineswegs in der verfehlten Betonung, wie Eltern oft befürchten. Sondern darin, dass es laut und klar lesen **kann**! Das ist der erste und wichtigste Lernschritt. »Ich kann das.« Die Feinheiten kommen später.

Jetzt hör doch mal zu!

Die Bewusstheit des Lautierens – so viel für pädagogisch interessierte Leser! – ist der erste und wichtigste Zugang zum Schreiben. Das kommt jetzt.

Diktafon (oder MP3-Player) wieder an! Die Stimme unseres oder unserer Kleinen ertönt – Sie sagen mit der freundlichen und unbestreitbaren Autorität, die ich nachher noch ausführlich begründe: »Schreib!« Er diktiert also sich selber das ganze Diktat.

Und weil es beim Vorlesen und Betonen und der ein oder anderen hastigen Änderung schon fast sein eigener Text geworden ist, schreibt er nun ganz anders, eifriger und bewusster, als er es je nach Ihrem Diktieren getan hätte.

AD(H)S-Kinder sind gern schnell, allerdings ohne äußeren Zwang. Alles was fix geht und auf Wettbewerb aus ist, lieben sie heiß und innig. Deshalb heißt es jetzt: »Schreib so, dass du mit deinem Diktafonlesen auch mitkommst. Beeil dich also ein bisschen!«

AD(H)S-Kinder sind gern schnell, allerdings ohne äußeren Zwang. Wettbewerb lieben sie.

Ach, ich sehe doch schon das pädagogische Stirnrunzeln: Das darf doch nicht wahr sein! Der Junge soll doch endlich mal lernen, langsam und ordentlich zu schreiben! Nicht immer so hektisch, kaum leserlich! Jetzt soll er plötzlich ganz schnell machen?!

Nun gut, denken wir für einen Augenblick nach.

Wenn Sie einen kleinen Zappelphilipp vor sich haben, dann sollten Sie eines unbedingt vermeiden: nämlich den Versuch, ihn auf Norm zu bringen. Die Norm der Schnelligkeit oder Langsamkeit, die Norm des Schönschreibens, die Norm des Stillsitzens usw. – nichts davon wird Ihnen gelingen, Sie haben nicht die geringste Chance! Die einzige Folge, die sich zuverlässig einstellt, ist die, dass Sie von Monat zu Monat mit den Nerven immer noch ein bisschen mehr am Ende sind. Dass Sie immer hektischer und nervöser auf Ihr Kind und seine Aufgaben reagieren und der oder die Kleine auch immer hektischer dabei wird, noch mehr, als er eh schon ist.

Es gibt viele Teufelskreise zwischen Eltern und Zappelphilipps.

Das Kind lernt, die Schule und das Schreiben zu hassen. Und dann schimpfen Sie wieder. Ein Teufelskreis.

Es gibt viele solcher Teufelskreise zwischen Eltern und Zappelphilipps. Und das soll gute Pädagogik sein? Die Entscheidung liegt bei Ihnen: Wollen Sie wirklich die Lernmotivation Ihres Kindes aufs Spiel setzen, nur um hinter einer Norm des Lernens, der Schönschrift usw. herzuhecheln? Wollen Sie sich unbedingt unrealistische Erziehungsziele setzen, nur weil die Schule – manche Schulen, manche Lehrerinnen, andere sind klüger! – darauf besteht?

Sogar die Kultusminister haben das mit dem individuellen Lerntempo inzwischen begriffen – und so was dauert bei denen! Jedes Kind hat das Recht auf seinen individuellen Lernstil und seine eigene Lerngeschwindigkeit, so steht es seit zwei Jahren in dem Niedersächsischen Schulgesetz. Da wollen Sie doch hoffentlich nicht zurückstehen.

So, zurück zum Diktat. Was passiert jetzt? Als Erstes stellt sich unvermeidlich Konzentration bei dem Kind ein – egal ob ADS mit oder ohne H. Jeder Mensch horcht auf seine eigene Stimme. Jetzt heißt es für ihn, mit der eigenen Stimme mitzukommen – Schnelligkeit liebt unser Zappel von Herzen, wie gesagt, er schreibt also energisch drauflos. Und zwar mit hoher Konzentration!

Wir kommen seiner seelisch-geistigen Verfassung einen großen Schritt entgegen – und er belohnt uns mit Aufmerksamkeit, Fleiß.

Und er – ist es Ihnen aufgefallen? – nörgelt schon die ganze Zeit nicht mehr über das blöde Lernen. Keine Tränen, keine Wutausbrüche, nichts davon. Sie müssen nur den Mut haben, sich von den uralten (auch im beruflichen Leben kaum noch gültigen) Norm-Maßstäben ein Stück weit zu lösen.

»Was hab ich grad gesagt?« – »Keine Ahnung!«

Nun werden das Diktafon oder der MP3-Player angehalten. Ihr Sohn ist ja (mehr oder weniger) ein AD(H)S-Kind, Aufmerksamkeit ist nicht seine Stärke. Es ist verblüffend, wie oft diese Kinder mitten in dem schönsten Spiel innehalten und verblüfft fragen: »Was machen wir hier gerade eigentlich?« So auch Ihr Sohn oder Ihre Tochter: »Was hab ich grad noch mal vorgelesen?«

Sie: »Woher soll ich das wissen, wer diktiert denn hier, du oder ich?« »Ich«, bestätigt das Kind stolz – und bedenken Sie, wie viel dieser kleine Kinderstolz bei den so oft gekränkten Seelen der ADSler wert ist. Ein pädagogischer Erfolg ganz nebenbei. Also weiter! Sie erklären nichts. Nicht so viel mit den Kindern reden! – Erinnern Sie sich an unseren Leitsatz? Sie antworten auf seine Frage, was er da gerade diktiert habe, gelassen: »Keine Ahnung, hör doch zu!« Er hört zu.

Unser Kind mit seinen »auditiven Wahrnehmungsverarbeitungsstörungen« – es lauscht. Lauscht seiner Stimme. Und schreibt schon wieder. Ganz ohne Aufforderung. Es ist jetzt mit seinem Lernen ganz in Übereinstimmung, mit allen Gefühlen, seinem Selbstbewusstsein, seinen Fähigkeiten. Anders kann Lernen auch gar nicht gelingen.

Passen Sie jetzt aber auf, dass es sich nicht übernimmt: ADS-Kinder neigen zum Übereifer, wenn ihnen endlich einmal etwas gelingt. Sie steigern sich rasch in eine euphorische Stimmung, die aber ebenso schnell umkippen kann und wieder in resignativen Seufzern endet.

Bevor das eintritt, nehmen Sie ihm das Heft weg – ich meine das ganz im Ernst. Sie sagen kurz und knapp: »Gib dein Heft her!« Wenn Sie Glück haben, nehmen Sie jetzt erfreut zur Kenntnis, dass Ihr Sohn/Ihre Tochter empört sein Heft behalten will und ganz fest umklammert. Schon wieder so ein kleiner Erziehungserfolg, wieder ganz beiläufig: Das sonst so verhasste Schulheft, jetzt hält er es fest wie einen Schatz. Dieses Festhalten, diese Körperanstrengung ist ein Stückchen Versöhnung mit Heft und Schrift. Kein Riesenerfolg, das nun auch wieder nicht. Aber die geduldige Summe solcher Beiläufigkeiten macht Erziehung aus! Beschleunigen können Sie nichts.

Sie nehmen also das Schreibheft an sich. Denn jetzt darf **er** diktieren, und Sie schreiben nach seinem Diktat. Oder Sie stellen das Kassettengerät wieder an und schreiben danach. Mindestens zwei oder drei Sätze. Auch das beeindruckt ihn.

Mama oder Papa hören genau zu, wie ich lese! Das macht ihn stolz, aber auch fähig zu einer ersten stillen Selbstkritik: »Na, mein Lesen könnte ein bisschen flüssiger sein, ach du lieber Gott, was stottere ich denn da herum, das muss besser werden!« – Ihr Schreiben und Ihr geduldiges Lauschen auf seine Stimme stimulieren seinen Kinderstolz, seine Lesebereitschaft. Und zuletzt sogar seine Fähigkeit, sich selber zu kritisieren – Selbstreflexion.

Damit sind wir nun mitten in einem Hauptproblem der AD(H)S-Kinder. Sie haben so wenig Distanz zu sich selber, sie können sich so schlecht einschätzen – und Kritik vertragen sie schon mal gar nicht. Jetzt aber gelingt alles. Mindestens für fünf oder zehn Minuten. Und alles, was einmal gekonnt wurde, wird später umso leichter wieder gelernt. Denn machen wir uns nichts vor: Jede dieser kleinen Lern- und Verhaltensübungen ist nur ein kleiner Schritt, muss viele Male wiederholt werden, eingeprägt werden. Geduld ist die höchste Kunst der Erziehung, bei Zappelkindern mehr als sonst auch schon.

Noch ein Hinweis. Die kleinen und mittelgroßen Zappelkinder lieben Rap, das ist ein Sprachrhythmus, der ihnen mehr als vertraut ist – und er entspricht einem herben, klaren Weltgefühl, das die meisten von ihnen auch teilen, zumindest ab der Pubertät. Auch hier kann man ihnen entgegenkommen. »Junge Dichter und Denker« heißt eine Folge von CDs, auf denen vom Alphabet bis zu Fontanes »Herr von Ribbeck auf Ribbeck im Havelland« vergnügt gerappt wird, von den Anfängen des Lesens bis zum hohen Bildungsgut – alles gerappt von 10- bis 16-Jährigen (wie viele unter den Begabtesten von ihnen wohl eine »Aufmerksamkeitsstörung« zugeschrieben bekämen, wenn man sie testen würde?), nachzuschauen unter www.jungedichterunddenker.de. Ihr Kind hört zu, wackelt im Rhythmus mit Bauch und Bein, und, wenn Sie Glück haben, liest es den Text sogar mit, selbst rappend: »... Ein Birnbaum in seinem Garten stand ...«

Die kleinen und mittelgroßen Zappelkinder lieben Rap.

Manchmal sind Buchstaben doppelt

Visuell clever sind Trödellieschen und Trödelphilipps merkwürdigerweise in genau derselben Weise wie die Zappelköpfchen. Wir machen uns ihre visuelle Neugier zunutze.

Am Anfang jedes Lesen- und Schreibenlernens stehen das Alphabet und die Wortbilder. Betonung auf »Bilder«! Wörter, die einen starken bildlichen Charakter haben, sie sind die beste Einführung in die Rechtschreibung. Ja, es gibt dramatische Wörter. Sie haben einen richtigen »Klang« und ihre Schreibweise verrät etwas von der Sinnlichkeit des Gegenstandes oder der seelischen Verfassung, die das Wort umschreibt.

Es gibt viele solcher sinnlich-spannender Wörter in der deutschen Sprache. Für ADSler wie geschaffen! Wir nehmen uns eine Reihe solcher Wörter vor. Unser Lernziel: Mit der Schreibweise von ganzen Wörtern vertraut zu werden. Wörter als Ganzes, eben als »Schriftbilder« einzuprägen, ein Schritt über das »Lesen von Buchstabe zu Buchstabe« hinaus. Auch sie müssen nicht nur gelernt, sondern gefühlt, gelebt, eingesogen werden.

Spannende, klingende, sinnliche und sinnhafte Wörter also. »Wasser« zum Beispiel. Wenn Ihr Kind Wasser liest und schreibt, dann muss in seinem Kopf das Wasser nur so spritzen und sprudeln. Eben deshalb befindet sich mitten im Wortbild ja dieses »ss«. Kinder lieben Wasser – schon die ganz Kleinen wackeln eifrig auf jeden Brunnen zu und lassen sich vollspritzen. Bei dem »ss« sprüht es uns nur so entgegen. Wir verbinden mit jedem Wort eine kleine Pantomime oder eine typische Geste. Das Wort bekommt eine sinnliche Darstellung, geradezu einen Wortkörper. Jetzt können auch AD(H)S-Kinder es sich merken. Bei diesem Doppel-»s« stolpern wir gleich noch über eine grammatische Regel. Ein »s« wäre ja längst nicht so lautmalerisch brisant.

Das verdoppelte »s« gibt dem »Wasser« erst seinen spritzenden, sprühenden Klang. In der Rechtschreiblehre sprechen wir von einer Konsonantenverdoppelung, dazu kommen wir gleich.

Sie konzentrieren sich ganz auf den sinnlich-sinnhaften Klang eines Wortes. »Wut« zum Beispiel. Wenn man es ausspricht, möchte man doch am liebsten schon das Gesicht verzerren vor lauter gedehntem »uuuu«. Unsere kleinen Zappelkinder lieben solche Dramatik. »Dornen«, das »r« ritzt einem geradezu bei langsamem Aussprechen die Zunge auf. »Rrrrr« – Ihr Kind macht es gleich nach und übertreibt. Also noch ein Wort: »Turm« – sofort ersteht das Bild eines hohen, mächtigen Gebäudes vor unseren Augen, das »u« hat so etwas Gewaltiges und Sicheres, aber in demselben »u« schwingt auch der Wind, vielleicht ein Sturm mit, der um den Turm saust. Mit so vielen assoziativen Bildern versorgt, vergisst unser Kind die Rechtschreibung »Turm« nicht wieder.

Die Zahl solcher lautmalerisch und grafisch eindrucksmächtigen Schriftzeichen ist groß. Und Sie machen aus dieser Beobachtung ein regelmäßiges Lerntraining, ein Worttraining mit dramatischen Effekten.

So und nicht anders lernt Ihr Kind lernen.

Das Dehnungs-h bereitet eigentlich allen rechtschreibschwachen Kindern Mühe. Auch daraus machen Sie eine kurze, täglich wiederholte Lernübung. Immer mit Dramatik und Ausdruck. Das Dehnungs-h hat die unangenehme Eigenschaft, dass man es zwar schreiben soll, aber nicht hört. Wir müssen es also zum Klingen bringen. Das geht so: Mama oder Papa liest ein Wort mit Dehnungs-h, doch statt des stummen h erleidet sie oder er beim Lesen einen schweren, unüberhörbaren Hustenanfall. Ungefähr so: »Gähhhhhnen«, auf dem h krächzt Mama oder Papa wie ein uralter Raucher nach der vierhundertsten Zigarette. Ihr Kind horcht mächtig auf. Das kann es auch.

Also gut. »Nehmen« – ächz, krächz, ein seltenes Gekeuche und Gehuste, immer auf dem »h« herum! »Sehnen«, »Wähnen«, »Tränen« – »Nein, Tränen nicht, zum Donnerwetter.« Das Kind: »Warum denn nicht?« Sie: »Weil das eben so ist. Basta! Nächstes Wort.«

Beim Lernen generalisiert sich das einmal Gelernte, sagte ich. Das einmal Gefühlte, Eingesogene springt in dem kleinen Kopf zu vielen ähnlichen Wortbildern. Mit dem Wortklang und dem Dehnungs-h haben Sie einen sinnlichen und sinnhaften Lernpfad eröffnet, der den Besonderheiten der Wahrnehmung eines kleinen AD(H)Slers entgegenkommt und ihm ein Gefühl, eine konzentrierte Wahrnehmung des jeweiligen Wortes und seiner Schriftgestalt möglich macht. Langeweile kommt auch nicht auf. Dafür ist bei diesem Lernen einfach zu viel los!

Mit dem Spiegel lernt sich's besser

Visuelle Neugier zeichnet die kleinen AD(H)Sler aus– da bietet sich ein Spiegel doch geradezu an. So ein Spiegel und die Spiegelbilder haben etwas Geheimnisvolles. Kinder lieben Geheimnisse!

Wir schauen uns im Spiegel an und was sehen wir dort? Wir sind es und sind es nicht. Fast schon unheimlich. Im Spiegel ist rechts links und umgekehrt; drehe ich mich zur einen Seite, dreht sich das Spiegelbild zur anderen.

Versuchen Sie einmal mit Ihrem Zappelkind, vor dem Spiegel eine Haarsträhne von der linken Kopfseite auf die rechte zu ziehen – das ist richtig schwierig. Irgendwie geraten unsere gelernten Orientierungen kräftig in Unordnung. Eben die liebt unser kleiner oder unsere kleine AD(H)Slerin von Herzen.

Die Ursache dafür finden Sie weiter vorn in dem erklärenden Teil. Diese Kinder haben die formale und normative Ordnung der Objekte nicht ganz verinnerlicht. Die Folge: Sie sind viel behänder als Sie, wenn es darum geht, sich in nicht normalen Ordnungen von Raum, Perspektiven usw. zurechtzufinden. Solche kleine Triumphe, in denen das eigentlich Defizitäre plötzlich zur Stärke wird, sind kräftige Motivationshilfen. Das Unvertraute und Neue sind sozusagen ihr ureigenstes seelisches Revier. Bevorzugt zu Beginn des Lernens anzuwenden!

Das Kind freut sich, und nun nutzen wir – wieder einmal! – seine Begeisterung schamlos fürs Lernen aus. Wir nehmen eines jener Wörter, dessen Schreibweise unser Kind auf Biegen und Brechen nicht behalten mag – und halten es vor den Spiegel. Das ist auch für uns Erwachsene ein interessanter sinnlicher Vorgang. Jetzt nämlich erscheint uns das sonst so vertraute Wortbild mit derselben Fremdheit und Unbekanntheit, wie es unserem lesegestörten AD(H)Sler schon die ganze Zeit erschienen ist. Wir befinden uns mit ihm gleichsam auf einer gemeinsamen Wahrnehmungsebene.

Natürlich freut ihn das. Endlich einmal ist er nicht derjenige, der trotz seiner Intelligenz immer hinter Ihnen oder den anderen Schulkindern herläuft. Jetzt sind Sie beide in Ihrem »Wahrnehmungsverhalten« gleich.

Genau genommen ist er Ihnen sogar ein wenig überlegen. Er ist ja ohnehin visuell kreativ, und die Fremdheit ist für ihn nicht gewöhnungsbedürftig wie für Sie, er kennt sie schon ein Leben lang. Er liest also von hinten nach vorn beziehungsweise von links nach rechts viel gewandter und schneller als Sie, als hätte er sein Leben lang nie anders gelesen (in gewisser Weise hat er das auch nicht!).

Der Reiz, der von dieser Verdrehung des Wortbildes auf seinen kreativen fixen Geist ausgeht, führt nun dazu, dass er sich dieses und dann noch ein Wortbild einprägt. Wieder und wieder hat er es falsch geschrieben, Sie waren schon ganz verzweifelt. Ein kleiner Spiegeltrick, und es steckt in dem kleinen Kopf sicher und fest wie mit Beton eingegossen. Warum? Bei diesem Lernvorgang war das Kind ganz in Übereinstimmung mit der ihm eigenen seelischen und geistigen Welterfahrung.

Wenn wir die Begeisterung unseres kleinen Zappel- oder Trödelkindes vor dem Spiegel zur Kenntnis nehmen, dann ahnen wir auch ein wenig von der Verwirrung, die ständig – aufgrund der Unvollständigkeiten seiner Entwicklung – durch seinen Kopf und seinen kleine Geist tobt. Das ist eine beachtliche Lehrstunde für uns selbst.

Aber nun zurück zur Rechtschreibung. In gewisser Weise ist unser Kind hier, in dieser spiegelverkehrten Welt, mehr oder mindestens **ebenso** »zu Hause« wie in unserer geordneten Welt. Also schreibt es hier auch genauer und aufmerksamer, also spannt es seine Sinne ganz konzentriert hin auf die richtige Schreibweise der Wörter – nicht zuletzt in dem stummen Triumph, Ihnen und allen anderen endlich einmal überlegen zu sein. Viele kleine Lese- und Schreibübungen lassen sich mithilfe des Spiegels entfalten. Lassen Sie sich einfach nur mal so richtig auf diesen seltsamen Spiegel ein. Die Worte strömen nur so.

Versuchen Sie einmal, eine ganzen Satz in Spiegelschrift zu schreiben, im Wettbewerb mit ihrem Zappelkind. Sie werden in

aller Regel merken: Sie haben keine Chance. Gönnen Sie ihm den Triumph, kleine und große Siege stärken die Leistungsbereitschaft, aber das sagte ich schon. Wörter werden verankert, Wortbilder gleichsam eingeatmet.

Ich habe schon einige Male darauf hingewiesen, dass jeder einzelne Lernschritt einen verallgemeinernden Charakter hat. Heißt bezogen auf unser Spiegelspiel: Das Kind lernt nicht nur jenes schier unbeherrschbare Wort, das Sie sich gemeinsam mit ihm im Spiegel angeschaut und eingeprägt hatten, es lernt gleichzeitig und unwillkürlich die Ordnung des Wortaufbaus, der Gliederung von Wort und Satz ganz allgemein mit.

Je inniger und sinnlicher seine Worterfahrung, desto größer der Lerngewinn, je direkter und spaßiger der Lernschritt, desto besser gelingt auch die »Generalisierung« des Gelernten.

Je inniger und sinnlicher seine Worterfahrung, desto größer der Lerngewinn, je direkter und spaßiger der Lernschritt, desto besser gelingt die »Generalisierung« des Gelernten.

Jeder einzelne Lernschritt führt gleich weiter zum nächsten. Die kindliche Intelligenz ist – wie die des Kleinkindes beim Erkunden der Objektwelt – ein fortwährendes Über-sich-Hinausgreifen, ein ewiges Weitertreiben. Der kindliche Geist ist unermüdlich, wenn er nicht geblockt wird – das gilt eben nicht nur für Zweijährige, sondern für Neunjährige genauso! –, er ist ein großes Wunder! Das vergessen wir bei unserem oft so peniblen Lernen leider immer wieder.

So geht also Lernen. Nicht durch Pauken. Pauken stolpert von einem Lernschritt zum nächsten. Dem Pauken fehlt die Generalisierung. Deshalb ist es so mühsam, langweilig und unökonomisch. Lassen Sie sich nicht auf diesen Pfad locken!

Puppen spielen Lernen

Die sogenannten AD(H)S-Kinder lieben fast ausnahmslos das Spiel mit Puppen – die acht- oder neunjährigen Jungen zieren sich ein bisschen (»Iih, Puppen, das ist doch was für Mädchen!«), aber dann sind sie doch mit Begeisterung bei der Sache (es können ja auch Bären sein). Mädchen ohnehin!

Warum? Weil das Puppenspiel natürlich Erinnerungen an die frühe Kindheit birgt. Unsere AD(H)Sler haben, wie wir gesehen haben, Bindungsstörungen, das heißt: Sie sehnen sich mit einem Teil ihres seelischen Lebens immer zurück nach der Geborgenheit der Kindheit – eben, weil sie sie nicht ausreichend erlebt und verinnerlicht haben. Dieses Segment ihres Seelenlebens nehmen wir für das Lernen von Rechtschreibung wieder auf. Für Erwachsene gar nicht so einfach. Oft stellen wir uns im Umgang mit den Puppen ziemlich umständlich und unbeholfen an. Wir haben selber so eine schamerfüllte Vermeidung von Kindlichkeit. Dabei steckt sie tief in uns, wie in unseren Kindern auch.

Am besten stöbert man gemeinsam mit seinem Kind nach den uralten, lange vergessenen Puppen oder Teddys oder Ähnlichem, die eine so große Rolle im Miteinander von Mama oder Papa und Kind spielten, als der Kleine drei, vier oder fünf Jahre alt war. Man findet sie meistens noch in einer vergessenen Ecke. Da liegen die bedauernswerten Kerle, vergessen und verstaubt. Auf den Dachboden haben sie sich verkrochen oder in einen Kellerraum, mitten unter allerhand sonstigen ausrangierten Müll.

So hartherzig ist kein Kind – ein AD(H)S-Kind mit seiner mitfühlenden Psyche schon mal gar nicht! –, dass es nicht ein stilles Erbarmen mit den vergessenen Stofftieren und Puppen überkäme. Sie werden es schon merken, wie liebevoll Ihr Kind den Staub vom Kleid der Puppe oder den Schmutz aus dem Fell des Teddybären wischt. Das alles ist Bindung, ist Emotion, und zwar eine ganz tiefe.

Warum? Weil sie eben in die ersten Jahre der Kindheit reicht. Wenn diese Figuren nun im Spiel auch noch anfangen zu sprechen, können Sie einer Sache ganz gewiss sein: Ihr sonst so »auditiv schwaches« Kind sperrt Ohren und Mund auf, um jeden Satz aufzunehmen – vor allem dann, wenn Ihr Puppenspiel an frühere gemeinsame Spiele anknüpft.

Wollten Sie gerade einwenden, dass »ordentliches Lernen« ja wohl anders aussehe? Aha! Und was verstehen Sie unter ordentlichem Lernen? Wenn es todlangweilig zugeht? Oder wenn Ihr Kind mault und alle Anzeichen der Lustlosigkeit von sich gibt,

was nach aller Erkenntnis von Lernpsychologie und Gehirnforschung nur zur Folge hat, dass Sie mit ihm Rechtschreibung pauken können, bis Sie beide vor Erschöpfung umfallen? Dann hat es vielleicht alles richtig wiederholt und – na? – am nächsten Tag im Diktat unter Garantie alles wieder vergessen – oder eben fast alles.

Nein, Lernen gelingt, wenn es vergnüglich zugeht, wenn mit jedem Lachen eine Rechtschreibregel in dem kleinen Kopf verankert wird und wenn gleichzeitig die Bindung zwischen Mama oder Papa und Kind gestärkt wird – weil auch dies Voraussetzung dafür ist, dass alles Gelernte erinnert, im Gedächtnis langfristig gespeichert wird.

Lernen gelingt, wenn mit Lachen eine Rechtschreibregel im Kopf verankert und die Bindung gestärkt wird.

Auch das Puppenspiel ist nur ein Beispiel dafür, dass jede gemeinsame Erinnerung wunderbaren Lernstoff hergibt. Sie nutzen es oder Sie lassen es ungenutzt – die Wahl liegt ganz bei Ihnen!

Da fehlt doch was!

Ihr Sohn/Tochter hat die Eigenart, in seiner fortwährenden Impulsivität die Sätze nicht vom ersten bis zum letzen Wort geduldig zu lesen, nein, er springt nach zwei Worten auf das Ende des Satzes. Dabei kommt mitunter Sinnvolles heraus – wenn auch nicht unbedingt das, was auf dem Papier steht – und noch öfter völliger Quatsch.

Der Kleine liest beispielsweise: »Das Auto fährt ... Himmel.« Macht offensichtlich wenig Sinn! Nun müssen wir ihm also ein paar Hilfsmittel an die Hand geben, um sich diese sinnleere Hektik beim Lesen abzugewöhnen, soweit das möglich ist. (Immer daran denken: Jeder kleinste Schritt ist ein Fortschritt und Anlass zur Freude. Also bitte nicht bei jedem Lernerfolg nervös zu grübeln anfangen: Aber dies und jenes kann er ja noch nicht – denn so kommen Sie nie zu einem vergnügt-entspannten Lernklima.)

Übrigens verfahren wir beim Lesen genauso. Wenn wir unsere Augenbewegungen einmal aufmerksam beobachten, dann fällt uns Folgendes auf: Wir lesen keineswegs von Buchstabe zu Buchstabe und Wort zu Wort – ach was, das Leben ist immer viel komplexer, als wir denken. Auch das Lesen.

Wir erschließen zunächst der Buchstabenfolge nach das erste, dann das zweite Wort eines Satzes. Doch während wir dies tun, bewegen sich unsere Augen schon über den ganzen Satz bis hin zum Punkt am Ende. Danach kehrt unser Blick zu dem eben »erlesenen« Wort zurück. Das heißt, wir formen den vollständigen Satz fortlaufend in unserem Kopf aus, bevor wir ihn gelesen haben. Wir erschließen den Sinn des ganzen Satzes vorläufig, manchmal richtig, manchmal falsch, und kehren, während wir dies tun, zu den ersten Wörtern zurück und überprüfen, ob wir sie »sinngemäß« entziffert hatten. Und so verfahren wir immer hin und her – bis wir den Satz korrekt erschlossen haben.

So macht es unser Kleiner bei seinem sinnlosen Gesamtsatz zunächst auch. Über Buchstaben das Wort erlesen, dann auf das Satzende springen und wieder zurück – nur zwischendurch geht ihm, weil er ja so zappelig ist, das »Sinnganze« des Satzes verloren. Um die Sache fix zu Ende zu bringen, liest er einfach Quatsch. Zum Beispiel »Das Auto fährt … Himmel.« Nun ist er zwar fertig, aber richtig zufriedenstellend ist das Ergebnis nicht. Weiß Sohn auch! Bleibt nur die Frage, wie wir seiner Zappeligkeit Einhalt gebieten.

Erst mal natürlich, wie schon gesagt, durch die Lebendigkeit und Sinnhaftigkeit des Lesens. Darüber haben wir ja jetzt ausreichend gesprochen. Wie sinnlos sinnloses Lesenlernen ist, wird an diesem Beispiel noch mal ganz klar. Ihr Sohn hat nur äußerlich, ganz formal, zu lesen versucht. Seine Gefühle und sein ganzes Kinderdasein waren überhaupt nicht mit im Spiel. Deshalb liest er »Quatsch« und ist hoch empört, wenn man ihn korrigiert.

Wir sind also wiederum bei den Ursachen, die im Theorieteil erklärt wurden: Sprache und Wort sind in seinen Gefühlen und seinem Kinder-Ich nicht ausreichend verankert. Das ist die allererste Ursache seiner Lernstörungen.

Zur Sinngebung des Lesens und Schreibens haben wir einige Beispiele genannt. Jetzt ein eher technisches Vorgehen, das aber auch mit Einfallsreichtum dekoriert sein will. Wir nehmen Sätze, denen in der Mitte ein Wort fehlt (man kann es auch mit Papierschnipseln überdecken). Dieses fehlende Wort ist zum Ersten eine Blockade für sein impulsives Hin- und Herrutschen quer über den Satz. Das Kind bleibt mit seinen hastigen Augenbewegungen an dem fehlenden Wort hängen. Nun muss es sich konzentrieren. Das leere Wortfeld ist wie ein Aufmerksamkeitszeichen. Aufgepasst!

Drei geistige Vorgänge sind jetzt erforderlich. Zum Ersten: Es muss den Satz auch nach dem »Block« konzentriert zu Ende lesen, zum Zweiten: Es muss die ersten Worte vor dem Block und die letzten nach dem Block irgendwie sinnvoll in Verbindung bringen, es muss zum Dritten jetzt grübeln, bis der Kopf raucht: Welcher Sinnzusammenhang könnte zwischen dem Satzteil vor und dem Satzteil nach dem Block bestehen? Seine Zappeligkeit ist »geblockt«, seine Intelligenz wachgerufen. »Ich hab's!« – und die leere Stelle, das fehlende Wort werden ergänzt. Wie beim Kreuzworträtsel, das auch Spaß macht.

Klingt, so beschrieben, grauenhaft umständlich, ist es aber gar nicht. Im Übrigen machen Grübeleien AD(H)Slern immer Spaß und verführen sie zur Konzentration. Achten Sie einmal darauf. So ein richtig kniffliges Rätsel oder Wortspiel – nichts mehr von Aufmerksamkeitsstörung. Der Knabe brütet vor sich hin und lässt nicht locker bis zu jenem erlösenden Ruf, der einem Aufschrei nahekommt: »Ich hab's!«

Jetzt kommt nämlich endlich die Intelligenz der Kinder ins Spiel. Sie richtet sich auf die Schriftzeichen, auf die sichtbaren und noch mehr auf die unsichtbaren, den Block, die Leerstelle. So erschließt das Kind schriftliche Sinnzusammenhänge – hoch konzentriert. Ist das nicht schön?!

»Schlaues Kind. Gleich noch mal!«

Wenn Sie nach einer gewissen Zeit spüren, dass es nun doch lustlos oder unruhig wird, greifen Sie wieder in unsere Trickkiste: Sie machen aus dem Lesen einen Wettbewerb. Einen Satz richtig erschließen gibt einen Punkt. Danach ist Mama oder Papa an der Reihe. Sie erschließen auch den ganzen Satz, wieder ein Punkt. Erschließen Sie nichts, gibt's einen Punkt Abzug. Wer zuerst 20 Punkte hat, hat gewonnen!

In den allermeisten Fällen liest Ihr Sohn oder Ihre Tochter mit dem Eifer des Ehrgeizigen. Ich habe weiter vorn erklärt, warum AD(H)S-Kinder eigentlich immer ehrgeizig sind (jedenfalls so lange, bis sie resigniert haben!). Ehrgeiz und visuelle Begabung sind zwei typische Eigenarten dieser Kinder. Beide haben Sie jetzt clever zum Erlernen von Lesen und Schreiben benutzt.

Sie werden im Übrigen feststellen, dass manche dieser Sätze plus Leerstellen verteufelt schwer zu erschließen sind. Wundern Sie sich nicht, wenn sich Ihr Kind just beim Erschließen dieser Leerstellen – kognitiv-visuelle Intelligenz ist da nämlich gefordert – schlauer anstellt als Sie selber. Sollten Sie sich darüber, sozusagen wider Willen, richtig ärgern – na, mehr Freude können Sie Ihrem Sohn oder Ihrer Tochter gar nicht machen! So etwas nenne ich »Motivieren«!

Alles mit »r«

Oder: Sie schreiben nach Vorgabe des Kindes zehn Buchstaben auf, kreuz und quer durcheinander, und mitten in den Buchstabensalat setzen Sie – kräftig eingerahmt – irgendeinen Buchstaben. Ich schlage vor: das R. Mal ein großes R, mal ein kleines r.

Das Spiel geht so: Aus den zehn Buchstaben bilden Sie abwechselnd je ein Wort. Erst Ihr Kind, dann Sie, dann wieder Ihr Kind usw. Aber jedes muss mit einem kleinen oder großen R/r anfangen. Zehn Buchstaben haben Sie zur Verfügung, das heißt nicht unbedingt, dass es sich um zehn verschiedene Buchstaben handelt. Vielmehr empfiehlt es sich, das s zweimal zu nehmen, das e auch. Und keinesfalls das A und das U vergessen. Wem als Erstem kein Wort aus den vorgegebenen Buchstaben mehr einfällt, hat verloren.

Ich komme mit meinen kleinen und mittelgroßen »Hypies« meist auf 20 Wörter, bis ich entkräftet aufgebe! Mein kleiner Patient ist dann auch restlos mit den Nerven am Ende. So lange und so eifrig hat er noch nie über Buchstaben und ihre Zusammenfügung zu einem Wort nachgedacht – aber gewonnen ist gewonnen. Er jubelt!

Rasen oder rasen oder was?

Oder: Kleine Umstellungen von Buchstaben geben einem Wort einen völlig neuen Sinn. Unsere impulsiven Kinder lieben das. Jetzt heißt ein Wort noch dies, dann eine winzig kleine Änderung, und schon bedeutet es etwas ganz anderes. Rasen zum Beispiel, groß geschrieben, ist mit dem »rasen« überhaupt nicht vergleichbar – dabei wurde nur ein einziger Buchstabe verändert. Groß zu klein – und schon haben wir einen ganz neuen Wortsinn.

So wird Schriftsprache richtig geheimnisvoll. In jedem Wort verbirgt sich ein anderes, z. B. nach einer kleinen Änderung eines Buchstabens, man muss nur genau hinschauen.

In Rast verbirgt sich »Ast«, in Hast auch. In Haus verbirgt sich »au« – sehr komisch, oder etwa nicht? Immer so weiter.

Aber wir wollten ja das Buchstabenumstellungsspiel spielen. Alles ist nicht nur so, wie es dasteht, sondern ein winziges Weglassen oder Umdrehen hier und dort genügen, und schon entsteht etwas völlig Neues. Das kommt unseren Zappelkindern natürlich sehr entgegen – aber das haben Sie inzwischen ja längst verstanden.

Wieder machen Sie ein Spiel daraus, am besten ein Wettspiel. Zum Beispiel dieses: Sie nehmen ein Wort – sagen wir: »Rose«. Nun darf Ihr Kind die Groß- und Kleinschreibung und dazu noch einen Buchstaben ändern oder weglassen (bei kleineren Kindern zwei Buchstaben). Das schafft es. Ob Sie gemeinsam zehn Wörter hintereinander hinkriegen?

»Rose« ist einfach. Sie schreiben »Rosse«. Ihr Kind grübelt, gar nicht so leicht! Ah, doch: »Rasse«. Sie: »hasse«, es: »Hass«, usw. Auf zehn kommen Sie gemeinsam glatt, jubeln kurz und nehmen sich noch mal zehn vor. Ob Sie das schaffen oder nicht, kann ich von hier aus auch nicht beurteilen!

Aber, wie gesagt, die AD(H)Sler lieben das Schwierige, wenn es nur schnell genug geht.

Eine Minute dauert ewig

Ich sprach zu Ende des letzten Kapitels von den wichtigen Lernpausen. Die können Sie – neben den Witzpausen, die auch wichtig sind – mit kleinen Konzentrationsübungen füllen. Welche Wirkung sie langfristig haben, weiß niemand. Aber ganz kurzfristig tragen sie zur Konzentrationsbereitschaft eines Kindes bei.

Beispiel: wieder die Uhr. Wir schauen auf den Sekundenzeiger – möglichst einen großen! Und zählen jede Sekunde mit, immer bis 10, dann wieder von vorn. Eine Minute lang. In der zweiten Minute – und nun wird's schwierig! – zählen wir nicht 1, 2, 3, 4 usw. Wir zählen von 10 nach 1. Jede Sekunde ist wieder eine Zahl. Also: zehn – eine Sekunde – neun – eine Sekunde – acht… usw.

Klingt einfach, ist es aber nicht. Sie werden merken, dass selbst Sie sich beim Zählen in umgekehrter Richtung verheddern, was dem Kind wiederum viel Spaß macht und zu vermehrter eifriger Konzentration anleitet.

Noch ein Uhr-Spiel. Noch einfacher.

Sie und Ihr Kind schauen eine Minute lang auf die Uhr, eine einzige, winzig kleine Minute nur. Währenddessen sagen und tun Sie gar nichts, nur schauen. Schweigend. Sie werden merken, wie lang so eine Minute sein kann. Sie zieht sich, dehnt sich, wird länger und länger – »Nicht lachen! Keine blöden Bemerkungen! Ganz ruhig!« – und Sie beide atmen einmal tief durch, wenn die Minute endlich zu Ende ist. Ihr Kopf ist ganz leer gefegt, und total unaufgeregt und konzentriert begeben Sie sich zum nächsten Lernabschnitt.

Solche kleinen Übungen muss man regelmäßig wiederholen, sonst machen sie keinen Sinn. Sie werden aber merken, wie Sie und das Kind immer geübter werden: beim Zählen von 10 nach 0 von Sekunde zu Sekunde, beim Stillwerden eine Minute lang.

Als wirkliche Meister dieser zweiten Übung, die fast an eine Meditation heranreicht, können sich noch mehr vornehmen. Nicht nur: Kein Wort! Nicht reden! Sondern nun auch eine ganze Minute lang: An nichts denken! Absolut gar nichts. Das fällt uns allen unendlich schwer. Denn wie den kleinen Zappelkindern gehen uns ununterbrochen hundert Gedanken durch den Kopf und Gefühle durch den Bauch.

Die Eine-stille-Minute-Übung ist schon ein richtig gutes Training dafür, sich ein bisschen besser in den Griff zu bekommen. Optimal für ADSler. Für ihre Eltern auch.

Zahlen zählen, am besten in Bewegung

Rechnen hat mit der frühkindlichen Raumerfahrung zu tun, mit Körpergefühl, dem Abmessen (intuitiv) von Entfernungen, dem Ausbilden von Perspektiven usw. Wenn bei Ihrem AD(H)S-Kind die Rechenschwäche überwiegt – was deutlich seltener der Fall ist –, dann versuchen Sie, Zahlen und Subtraktion und Mengen in körperlich-sinnliche Erfahrungen umzusetzen. Daraus werden dann mal Tastspiele, mal richtige Körperübungen (sehr anstrengend). Im Prinzip gehen Sie dabei nach demselben Schema vor, das ich für das Lesen und Schreiben so ausführlich vorgestellt habe.

Einige Stichworte: Subtraktionen machen lernschwierigen Kindern oft Probleme. Das Addieren ging noch flott von der Hand, das Subtrahieren fällt ihnen schwer – es ist eben der viel abstraktere Vorgang. Dass etwas »da ist« und dann immer mehr wird, kann ein Sechs- oder Siebenjähriger sich leicht vorstellen. Aber dass etwas weggenommen wird und einfach verschwindet, erscheint ihm höchst unverständlich. Mit körperlicher Sinnlichkeit kommt man der Sache auf die Spur!

Zum Beispiel das Murmelklauspiel. Das geht so. Sie nehmen einen Sack mit Murmeln – Kinder lieben Murmeln, also gibt's schon mal keine Nörgelei! Sie lassen Ihr Kind an dem Beutel herumtasten, es soll raten: Wie viele Murmeln sind wohl darin? Richtig geraten? Na, beinahe. Das reicht auch!

Danach tun sie 10 Murmeln in den Sack und nehmen davon drei Murmeln weg, aber so, dass das Kind Sie dabei nicht beobachtet. Es muss die Hand vor Augen halten oder sich wie beim Versteckspiel wegdrehen und bis vier zählen – lauter ursprüngliche Spielelemente, die modernen Kindern genauso viel Vergnügen bereiten wie Kindergenerationen seit Menschengedenken. Inzwischen haben Sie die drei Murmeln entfernt und halten Ihrem Kind den Sack hin. Es soll spüren, fühlen, tasten, wie viele Murmeln jetzt fehlen und wie viele noch im Sack drin sind. Mit dem feinen Fingerspitzengefühl prägen sich dabei die Differenzen zwischen den beiden Mengen – erst 10, dann sieben Murmeln – ein. Mit seinem »Tasten« erfasst es, was Subtraktion ist.

Anderes Spiel, noch einfacher. Sie zählen beim Treppensteigen die Stufen: eins, zwei, drei, …, acht. Sie rufen plötzlich: »Stopp«, und gehen fünf Stufen zurück, das Kind zählt laut mit. Und kommt hinterher. Und noch mal: jetzt 15 Stufen und acht zurück. Wie viele sind es noch? »Zähl! Gut gemacht.« Rauf geht's schwer, runter leicht. Körperlich begreift Ihr Kind in seinen Bewegungen, was Zahl, Menge, vor allem aber Addieren – die Treppe rauf! – und Subtrahieren – wieder runter! – sind.

Leider geraten Sie nach einer gewissen Zeit ziemlich ins Schwitzen. Sie fangen an, zu prusten und zu keuchen, Ihr Kind quietscht vor Vergnügen: »Papa ist ja schon soooo alt!«

Noch eins: Meine Tochter kapierte das Verhältnis von Zentimeter, Dezimeter und Meter nicht. Nichts zu machen, es ging nicht in den kleinen, sonst so schlauen Kopf hinein. Der Schule fiel nichts anderes ein, als ihr das Nichtkönnen in der nächsten Klassenarbeit mit einer miesen Note unter die Nase zu reiben. Das fand ich ein wenig einfallslos.

Wir machten Folgendes: Ich nahm eine Klorolle – bei dem Wort »Klo« fangen neunjährige oder zehnjährige Kinder unvermeidlich an, zu kichern, dagegen kann man gar nichts machen! – und entrollte das Klopapier den Flur entlang. Ich sagte: »Reiß mal ein Blatt ab, noch eins … bis zum zehnten.« Tat sie, war ja Klopapier. Riss und zählte mit Eifer bis zehn. Ich: »Leg die zehn hinterein-

ander, aber sorgfältig!« Was das fügsame Kind auch machte, und nun schauten wir beide versonnen auf die zehn aneinandergereihten »Kloblätter«: »Ein Meter!«, erläuterte ich, stolz auf meinen pädagogischen Einfall. »Jedes Blatt sind zehn Zentimeter, also ein Dezimeter, zehn Dezimeter sind ein Meter. Guck hin!«

Auf eine Klorolle schaut ein neun- oder zehnjähriges Kind eben ganz anders als auf ein Lineal. Wenn sie, teilweise ausgerollt, auf einem langen, dunklen Flur liegt, hat sie etwas zusätzlich sinnlich Einprägsames. Meter, Dezimeter, Zentimeter – jetzt waren diese schwierig-abstrakten Messgrößen mit einem eindringlichen Bild verschmolzen, jetzt hatte sie es verstanden. (Übrigens misst ein Blatt Klopapier gar keine zehn Zentimeter, sondern 13, ich habe hinterher nachgemessen. 13? Das hätte meine persönlichen Rechenfähigkeiten ja bei Weitem überstiegen. Ich habe der Kleinen nichts davon gesagt, drei Zentimeter mehr oder weniger – wir wollen ja mal nicht pingelig werden, an dem nachhaltigen sinnlichen Eindruck ändert sich dadurch sowieso nichts. Drei Zentimeter mehr oder weniger kann man mit dem bloßen Auge kaum erkennen.)

Lernen ist immer auch Verhalten lernen

Die oben genannten Spiele lassen sich in den ersten vier Schuljahren und darüber hinaus fast immer sinnvoll in die vorgegebenen Hausaufgaben einbinden. Lernen verliert seine Schrecken!

Weil die Lese-Rechtschreib-Schwächen und/oder Rechenschwäche (Dyskalkulie) bei den meisten überaktiven Kindern ein so zentrales Thema sind, spricht nichts dagegen, sie auch **zusätzlich** zu den Hausaufgaben durchzuführen – Sie sollten sie dann nur nicht Lernen nennen, sondern Spielen. Schon ist Ihr Kind mit Eifer dabei.

Alles, was nach Schule riecht, ist den AD(H)Slern wie den meisten Kindern unangenehm. Aber die Beispiele, die ich dargestellt habe, können Sie gut und gern kreativ weiterspinnen. Sie werden schon merken, dass das ein richtiges kognitives Vergnügen sein kann. Und Spiele riechen eben nicht nach Schule. Sie sind im ursprünglichen Sinn das, was Lernen für ein Kind immer schon war: Gefühl und Abenteuer und der Stolz darauf, mit jedem Tag »größer« zu werden.

Die »Symbolisierungsschwächen« Ihres Kindes – also seine Defizite beim Lesen und Schreiben – sind Folgen seiner Verhaltensstörung, aber umgekehrt ist es auch so: Werden die Teilleistungsstörungen, also die Lernschwächen, geringer oder gar behoben, dann ändert sich auch das Verhalten.

Es gibt überhaupt nur eine einzige Konzentrationsübung, die ich akzeptiere: Das ist das (frohe) Lesen- und Schreibenlernen, meinetwegen das Rechnen noch dazu. Warum? Weil beim Schreiben wie beim Sprechen Ihr Kind sein Ureigenstes, sein Selbst, zum Ausdruck bringt. Wird ihm dies bewusst, ist es hoch konzentriert – wie jeder Mensch hat es ein unerschöpfliches Interesse an sich selber. Und ist entsprechend aufmerksam.

Je gegliederter und bewusster sein Schreiben und Lesen werden, desto geordneter wird auch sein Verhalten. Richtiges Lernen ist eine erstklassige Therapie oder zumindest ein wichtiger Teil davon. Es muss aber, wie gesagt, **richtiges**, emotionales und von viel Bindung und Liebe gestärktes Lernen sein – Pauken schadet!

Begabt für Komik und Schauspiel

Bevor wir nun über so ernste Dinge wie Autorität und Gehorsam reden, noch Folgendes:

Die AD(H)Sler sind oft Klassenclowns. Man erklärt das gemeinhin damit, dass sie Aufmerksamkeit erregen wollen. Nun ja, das wohl auch! Aber wie die meisten pädagogischen Klischees greift auch dieses zu kurz. Nein, es ist (auch) etwas anderes: So genannte AD(H)S-Kinder haben ein Talent für und viel Freude an allem Verqueren, allem Paradoxen, allem Komischen.

AD(H)S-Kinder haben ein Talent für und viel Freude an allem Verqueren, allem Paradoxen, allem Komischen.

Das Paradoxe, das »Aus-der-Norm-Fallen« ist bekanntlich die Begabung von Clowns. Unsere kleinen überimpulsiven Kinder sind ja auch teilweise aus der Norm gefallen – beziehungsweise nie ganz in ihr angekommen. Ihre Begabung ist also auch das buchstäblich Ver-rückte. Je mehr und je häufiger Sie sich darauf einstellen, desto froher achtet Ihr Kind auf Sie.

In diesen Zusammenhang gehört auch – wir haben es schon beiläufig angemerkt –, dass fast alle ADS-Kinder ein Talent fürs Performative haben, zu Deutsch: für das Vortragen, das Schauspielern, das Dramatische. Wir sollten das nicht unterschätzen, nur weil es im Schulunterricht nicht bewertet wird und über-

haupt keine oder eine sehr untergeordnete Rolle spielt. In einer Welt der vorwiegend visuellen (bildlichen und grafischen) Informationen und der Medienrealitäten ist diese performative Begabung von höchster Bedeutung. Es muss ja nicht immer auf Schauspieler oder Entertainer hinauslaufen. »Performative« Begabungen werden auch in Werbeagenturen, bei Anlageberatern, beim Coaching, in allen möglichen Sparten und überhaupt in all den Berufen, die mit Rhetorik und Repräsentation zu tun haben, zu einem enormen Wettbewerbsvorteil. Dazu gehört u.a. auch der Beruf des Politikers.

Es ist kein Zufall, dass es vor allem Schauspieler und Entertainer waren, die sich Anfang der 90er-Jahre in den Vereinigten Staaten als »ADSler mit H« outeten. Das war dort gerade so Mode. Aber ich erzähle es Eltern gern, wenn sie schon ganz mutlos sind! Zu diesen großen Namen mit AD(H)S im Jugendalter zählen immerhin Paul Newman, Dustin Hoffmann, Harry Belafonte, Whoopi Goldberg, eine psychiatrische Studie weist nach, dass Bill Clinton eine Reihe der für erwachsene ADSler typischen Verhaltensmerkmale zeigt.

Bekannte Persönlichkeiten mit AD(H)S im Jugendalter: Paul Newman, Dustin Hoffmann, Harry Belafonte und Whoopi Goldberg.

Das gilt auch in Deutschland für einige sehr berühmte Namen. Ich nenne nur einen, mir persönlich besonders sympathischen: den bedeutendsten Kabarettisten, den wir nach Werner Finck je hatten, nämlich Hanns Dieter Hüsch. Ich will ja keine Ferndiagnosen riskieren, aber schauen Sie doch mal genau auf Mario Barth oder Michael Mittermeier. Und Mathias Richling – was fällt ihnen bei Mathias Richling auf?

Wir lernen dies: Nein, wir versuchen nicht, unsere überaktiven Kinder mit aller Macht von ihrem Verhalten herunterzuzwingen – wie gesagt, es ist ohnehin ein völlig aussichtsloses Unternehmen. Wir schauen vielmehr, wo wir ihren Talenten im Kleinen und im Großen entgegenkommen, beim Lernen, wie oben gezeigt, aber auch bei ihren Zukunftsvorstellungen und Idealen. Was können sie wirklich besonders gut? In einer Theater-AG beispielsweise werden aufmerksame Lehrer diesen Kindern eine tragende Rolle überlassen – ein großartiges Training. Mit Feuereifer machen sie sich daran, die Rolle auswendig zu lernen, sie lesen also nicht nur urplötzlich viel und intensiv, nein, mehr noch: Sie schreiben sich den Text buchstäblich »auf den eigenen Leib«, geben ihm ihre Stimme und ihren Körper. Wesentliche Anteile der frühkindlich versäumten Verinnerlichung der Ordnungen von Sprache und Schrift werden dabei nachgeholt.

Zusammenfassung

Positive Emotionen müssen mit dem jeweiligen Lerngegenstand lebendig und einfühlsam verbunden werden. Das gelingt Eltern am besten.

> Nur funktionales Training der Konzentration hilft wenig. Die Kinder leiden nicht einfach unter einer »Aufmerksamkeitsschwäche«, die man mit mechanischem Lernen und Üben beheben kann, sondern an einer mangelnden inneren Organisation der Aufmerksamkeit.

> Die meisten Lernschwächen wie beim Lesen und Schreiben sind lebensgeschichtlich bedingt und haben ihre Ursache in der frühen Entwicklung des Kindes. Eltern sind am besten geeignet, sie zu beheben, denn lernen lässt sich nur, was positiv emotional gebunden ist.

> Erst kommt die Bindung, dann das Lernen – das lässt sich auf fast jede Alltagssituation anwenden und ist viel einfacher, als es klingt!

Sie benötigen ordnende, präsente Autorität

Bindung schafft Ordnung. Und Liebe und »gute Autorität« helfen, die Lebenswelt Ihres Kindes zu strukturieren.

Am Abendbrottisch und beim Lernen, beim Aufräumen des Kinderzimmers und morgens beim Aufstehen – die allererste Aufgabe der Eltern besteht darin, ihrem kleinen Zappel Bindung und Ordnung anzubieten. Immer in dieser Reihenfolge: erst die Bindung, die Zuwendung, der freundliche Blick und ein Lächeln – dann die Ordnung!

Darum geht es: Eltern müssen ihrem AD(H)S-Kind sozusagen auf Biegen und Brechen Bindung anbieten und nach der Bindung eine starke und präsente ordnende Autorität. Denn dieses Kind lebt ja, wie wir gesehen haben, mit all seinen inneren und äußeren Turbulenzen in einer ungeordneten Welt. Bindung und Autorität – gerade die unruhigen, zappeligen und unsteten Kinder sehnen sich förmlich danach.

Erst die Bindung, die Zuwendung, der freundliche Blick und ein Lächeln – dann die Ordnung!

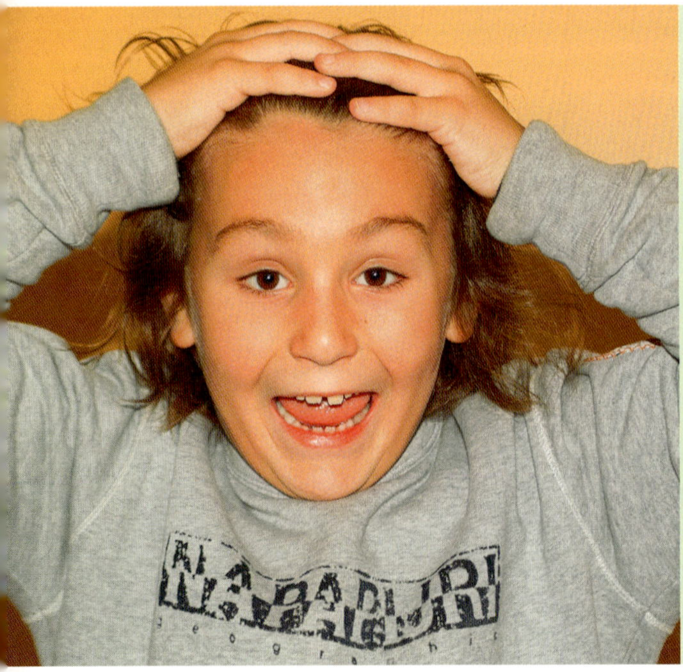

Wenn sich in ihrem geistigen und seelischen Tohuwabohu endlich eine authentische erwachsene Stimme mit Autorität meldet, die die Ansprüche der Außenwelt durch die eigene Person klar, präsent und eindeutig zur Geltung bringt, dann wirkt dies auf diese Kinder wie eine Befreiung.

Wenn sie diese **ordnende Gewissheit** aber von Erwachsenen, von vernünftigen und liebevollen Menschen, nicht bekommen, dann holen sich diese Kinder sie bei den »Kings«, den lauten und manchmal gewalttätigen Älteren auf dem Schulhof. Das ist eine Beobachtung, die Eltern immer wieder bestürzt – Lehrer auch: Gerade diese Jungen, die sich so gar keiner Anordnung fügen, die bei unerwünschten Anforderungen in einen wilden Trotzanfall verfallen, gerade sie rennen bereitwillig hinter den »Bullys«, den Stärksten und meist auch Dümmsten auf dem Schulhof, her und lassen sich ausnutzen.

Sie suchen die Ordnung sozusagen an der »falschen Stelle«. Sie erleben sie dann in ihrer pervertiertesten Form, nämlich als Unterordnung. Kurzum, Eltern müssen ihrem Kind neben der Bindung auch auf Biegen und Brechen eine ganz konkrete, eindeutige Ordnung der Welt und aller Dinge anbieten.

Zum Beispiel der Anorak und das Spielzeugauto

Mama will einkaufen, steht schon in Mantel und Schuhen, und Söhnchen, fünf Jahre alt, spielt immer noch mit seinen Rennautos. Sie hat schon vor zehn Minuten gesagt: »Zieh dich mal an«, jetzt hat er seinen Anorak entweder in der rechten Hand und spielt mit der linken einfach weiter oder er tut so, als hätte er nichts gehört.

Wenn die Mutter schimpft – in der Regel tut sie das – und immer nur wiederholt: »Jetzt hab ich dir doch schon ein paarmal gesagt, du sollst deinen Anorak anziehen«, dann reagiert der Kleine verwirrt, vielleicht auch mit Wut, schmeißt den Anorak in die Ecke, läuft in sein Zimmer usw. Mama ist hilflos. »Was soll ich denn machen. Ich kann den Jungen ja nicht jeden Tag bestrafen, zumal er dann ja immer noch keinen Anorak anhat.«

Was hat sie falsch gemacht? Sie war viel zu unkonkret, viel zu allgemein. Der Kleine hat sie wirklich nicht »verstanden«, auch wenn er jedes Wort genau gehört hat. Schauen Sie noch einmal auf unseren theoretischen Teil, dann wird Ihnen auch klar, wie es richtig gewesen wäre.

Erstens, dem Kind Bindung anzubieten. Sie schauen Ihren Knaben an und denken ganz bewusst: »Dieser Junge geht mir unendlich auf den Wecker, ist aber ein wahnsinnig süßes Kind.« Setzten Sie diese – oder ähnliche – Sätze, innerlich gesprochen, mit Nachdruck gegen Ihren Ärger ein. Jetzt geht es Ihnen schon viel besser. Ihrem Kind auch. Es atmet Ihren Blick, sogar Ihre Gedanken – ich übertreibe nicht! – geradezu ein.

Diese hyperaktiven Kinder sind von einer enormen Sensibilität. Was kein Wunder ist, es fließt ja alles in sie hinein. Also noch mal: Sie, die Mutter oder der Vater oder der Großvater, vollkommen egal, schauen zunächst so ruhig und besonnen wie möglich, so liebevoll wie nur eben möglich auf Ihren Jungen, wie er jetzt vor Ihnen hockt, den Anorak noch in einer Hand, während er mit der anderen verträumt weiterspielt, Rennfahrer oder Pilot … brumm … brumm …

Und danach die Ordnung: »Du ziehst jetzt den Anorak an.«

Vorweg: Eltern sollten sich angewöhnen, ihr »Bitte« einfach wegzulassen. Erstens ist es meist die pure Heuchelei, zumal wenn es schon mit zusammengebissenen Zähnen und geschwollenem Hals hervorgestoßen wird. Zweitens geht es den Kindern auf die Nerven. Und drittens nimmt es Ihren Anordnungen die Selbstverständlichkeit. Und die lautet so: »Du ziehst den Anorak an.« Basta! Nicht bierernst, schon gar nicht hektisch, sondern im Tonfall des ganz und gar Unbezweifelbaren, so wirkt die elterliche Aufforderung wie eine Feststellung. Der Anorak wird angezogen, das ist so sicher wie das Amen in der Kirche. Die Kleinen sind damit ganz zufrieden. Sie wollen nicht bei jeder Kleinigkeit selber entscheiden. Sie fühlen sich in einer geregelten Welt mit ihren beschützenden Ordnungen richtig wohl.

Kleine Kinder wollen gar nicht bei jeder Kleinigkeit selbst entscheiden.

Also nicht: »Sei doch bitte so gut und so weiter, und so weiter …« Damit bringt Mama oder Papa ein Kind nur auf die Idee, dass es jetzt eigentlich entschieden Wichtigeres zu tun hätte, als ausgerechnet den blöden Anorak überzuziehen. Und schon landen Sie gemeinsam in einem ganz unnötigen Konflikt.

Stattdessen: »Du ziehst den Anorak an.« Nicht als harscher Befehl, nicht als Gehorsamsaufforderung, sondern als schlichte Feststellung: »Das ist jetzt eben so.« Wenn Mama oder Papa mit ihrem Kind nach draußen gehen und dort weht ein kühler Wind, dann braucht ein Kind einen Anorak. Dagegen ist gar nichts zu machen!

Es kommt darauf an, dass Eltern mit ihren Vorgaben und Anforderungen eindeutig und konkret sind.

In jedem Fall kommt es ganz und gar darauf an, dass Eltern mit ihren Vorgaben und Anforderungen eindeutig und konkret sind. Wir Erwachsenen halten aber viele Dinge für ganz konkret, die für ein Kind die pure Abstraktion sind.

Bleiben wir noch bei dem Beispiel Anorak. Nach Mamas barschem Tonfall fährt der Arm des Kleinen zwar erschrocken in den linken Ärmel. Doch wenn die Mutter sich jetzt schon abwendet – sie denkt: »Na endlich gehorcht er« –, dann kann es ihr durchaus passieren, dass sie nach zwei oder drei Minuten zurückkommt und der Anorak hängt immer noch schlapp am Arm ihres Kindes, das derweil wieder versonnen vor sich hinspielt, Rennfahrer oder Pilot wie gesagt, »brumm, brumm«.

Warum ist das so? Ganz einfach. »Zieh den Anorak an« war für dieses Kind – auch ohne »bitte« – viel zu allgemein. Damit kommt es nicht zurecht. Und nun noch mal: Wie ist es also richtig?

Folgendermaßen: zuerst ein liebevoller Mama- oder Papablick, dann: »Pass auf, du süßeste Nasenspitze unter der Sonne, wir beiden ziehen jetzt diesen Anorak an. Erst den linken Arm« – auf den linken Anorakärmel zeigen! – »Du machst das hervorragend, jetzt der rechte Arm« – wieder zeigen – »eine Spitzenleistung des Anorakanziehens, den Reißverschluss machen wir beide zusammen zu. Komm her, wir zwei beide, Papa und sein Kind, Mama und ihr Kind.« Während Sie den oft ja tatsächlich störrischen Reißverschluss nach oben ziehen, schauen Sie sich an, Sie und Ihr Sohn oder Ihre Tochter, Sie und Zappelphilipp oder Trödelliese – und dann? Dann müssen Sie beide schon mal vergnügt grinsen.

Das Kind lernt: Anorakanziehen kann richtig Spaß machen. Das Kind lernt außerdem: Ich mache das toll, so einen Anorak beherrsche ich mit links – in der Psychologie heißt das »Funktionsstolz«, und der ist für alle Kinder, für die kleinen ADSler aber ganz besonders wichtig, überlebenswichtig.

Und die dritte Lehre: Was Mama/Papa sagt, wird gemacht! Das heißt für das Kind nämlich: »Darüber muss ich gar nicht weiter nachdenken, das ist eben so.« Kinder sind von Natur große »Anpassungsleister«. Warum? Sie haben ihr ganzes Weltwissen und ihr kleines Ich über viele, viele kleine und große Anpassungen von der frühesten Kindheit an erworben. Es müssen eben nur

stabilisierende, aufbauende, stärkende Anpassungen sein und keine ängstigenden und erschreckenden.

Deshalb kein Kommandoton. Sie sind in Ihrer Familie und nicht auf einem Kasernenhof. Der hektische Disziplinartonfall erschreckt die Kinder, damit erzeugt man nur Verwirrung, Ängstlichkeit und auf Dauer Trotz. Und schließlich seelische Verhärtungen. Eigentlich ist alles ganz leicht zu verstehen.

Kein Kommandoton! Sie sind in Ihrer Familie und nicht auf einem Kasernenhof.

»Wir zwei beide« ist übrigens eines dieser Zauberworte zwischen Eltern und Kind. Sollten Sie sich merken! Der Kleine strahlt vor Stolz – »Wie ich das immer hinkriege, es ist bewundernswert« –, Mama freut sich, dass es keine Tränen und kein Geschrei gegeben hat, und dann kann's losgehen. Auf in das Abenteuer Fußgängerzone oder Einkaufen oder Spielplatz!

Was für den Anorak gilt, gilt auch fürs Aufräumen!

Deshalb buchstabieren wir das Anorak-Beispiel an anderen alltäglichen Dingen noch einmal durch – jedes Mal ein Anlass zum Konflikt, und jedes Mal ein unnötiger. Also nicht: »Hilf mir mal den Tisch decken!«, sondern zuerst wieder die Bindung, der freundlich-ermutigende Blick. (Sie werden merken, dass schon dieser ganz bewusste Blick auch **Ihr** Herz erwärmt, er wirkt wie ein winziges Stoppzeichen in der ewigen Alltagshektik, eine kleine Besinnung: »Ach, mein Kind, irgendwie unglaublich süß, obwohl mir der Bengel auf die Nerven geht«; und schon werden Sie in allem ruhiger und entschiedener!) Danach die Anweisung, immer vom »Zeigen« unterstützt, immer ganz konkret. »Die Teller oben im Schrank« – zeigen! – »kommen hier und hier hin« – zeigen – »unfassbar, wie toll du das machst«, usw.

Ebenso das unaufgeräumte Zimmer. Sie sagen seit Tagen mit wachsender Nervosität: »Nun räum doch endlich mal dein Zimmer auf!« Zappelfipps tut es aber nicht, Trödeliene wahrscheinlich ebenso wenig. Sie können Ihre viel zu allgemeine Aufforderung barsch oder freundlich wiederholen, mit vier angehängten »Bitte, mach doch!« oder mit Strafandrohungen versehen, der Erfolg ist jedes Mal derselbe: keiner.

Wieder gilt dasselbe Prinzip: Ihr Fehler war die Unkonkretheit. So allgemein ausgesprochen bedeutet Ihre Anordnung für ein ADS-Kind wenig oder gar nichts. Stattdessen: Wieder zeigen, am besten mit guter Laune.

Zum Beispiel so: Sie nehmen zwei Kartons, platzieren Sie mit lautem Knall mitten ins Zimmer (AD[H]S-Kinder lieben alles, was laut und knallig vor sich geht!). Sie zeigen auf die **linke** Ecke: »Die weiße Wäsche – hierhin, die Bücher und CDs – dorthin!« Und schließlich (um ihm bei seiner immer noch recht schwachen Motivation unter die Arme zu greifen) nehmen Sie selber in der **rechten** Ecke unaufgeräumtes Geschirr plus Essensreste auf und packen sie in eine Tüte, schauen noch einmal kurz auf, zeigen wieder »Bücher und CDs – dort, Wäsche – hier« und räumen weiter.

Sie gehen mit schönster Selbstverständlichkeit davon aus, dass er Ihre Anordnungen befolgt. Einfach, weil das eben so ist! So ist die Welt geordnet: Mama oder Papa sagen dies oder jenes, Zappelfipps macht's. Je selbstverständlicher und je weniger unsicher, je bestimmter und je weniger drohend Sie verfahren, desto sicherer ist der Erfolg!

Also doch ganz einfach? Nun ja, richtig einfach ist es nicht. Aber machbar!

Noch ein Hinweis: Wir sprachen von der »auditiven Wahrnehmungsverarbeitungsstörung«, also davon, dass viele der AD(H)S-Kinder alles und nichts hören. Daraus folgt, dass Eltern, vor allem dann, wenn sie dem Kind Anweisungen geben, auf Folgendes achten sollten: Wie viele irritierende und die Aufmerksamkeit störende Geräusche dringen gerade eben auf mein Kind ein? Viele kann man einfach abstellen. Im Nebenzimmer läuft ein Radio – abstellen! Der Computer summt vor sich hin, auch im Stand-by? Ausmachen. Aus dem Kinderzimmer tönt noch eine Hörkassette. »Mach mal aus, mein Kleiner!« Von draußen dringen laute Stimme in die Wohnung? Das Fenster schließen.

Das mag ein wenig überpenibel klingen. Wenn wir uns aber vor Augen halten, wie intensiv Geräusche auf diese Kinder einwirken und wie sehr sie sie ablenken, dann wird solche erhöhte

Achtsamkeit plausibel. Im Übrigen sind sie ein kleines Training für Eltern von AD(H)S-Kindern: Sie müssen sehr viel aufmerksamer, achtsamer als andere Eltern – entsprechend den Überempfindlichkeiten Ihres Kindes – alles genau wahrnehmen, ebenso Ihre eigene seelische Verfassung, ebenso den Klang Ihrer Stimme, den Blick Ihrer Augen, Ihre Gestik – alles strömt nur so in das Kind hinein, wie gesagt. Bedenken Sie das, wenn Sie ihm Anweisungen geben wollen.

Und gleich noch ein Tipp: Bindungsschwäche und wenig Selbstgefühl, das führt bei den allermeisten AD(H)S-Kindern auch dazu, dass sie, wie die ganz Kleinen, schnell kränkbar sind. In unseren erwachsenen Ohren ganz harmlos-ironische Bemerkungen oder eine beiläufige Kritik, die wir gar nicht so wichtig fanden, können für diese empfindsamen Kinder zu nachhaltigen Gefühlen von Entwertung werden.

Wolfgang Endres hat in seinem hübschen Büchlein »Voll bei der Sache« (2001) ein anschauliches Beispiel angeführt. Ihr Kind bittet am Abendbrottisch: »Kann ich mal den Zucker haben!« Sie sagen – gar nicht bös gemeint, sondern gut gelaunt: »Wieso, du bist doch süß genug!« Ein kleiner Scherz, ein Wortspiel, aber unsere zugleich unaufmerksamen und hochempfindlichen Kinder verstehen Ironie nur sehr, sehr begrenzt. Für unser AD(H)S-Kind, das immer so sehr auf Friede und Ruhe aus ist und gleichzeitig so viel Unruhe stiftet, ist das alles eine bittere Enttäuschung. Sie müssen das ernst nehmen.

Noch so ein Fehler, er unterläuft Eltern sozusagen »wie von selbst«. Ihr Kind will Ihnen etwas erzählen. Wie es seine Art ist, sprudeln die Sätze nur so aus ihm heraus, dann verheddert es sich in seinem Sprachfluss, stottert und kommt ganz durcheinander. Sie: »Nun stotter doch nicht so herum – red anständig.«

Und nun? Für Ihr Kind, das gerade etwas in seinem kleinen Leben Hochbedeutsames anvertrauen wollte, ist dies nicht weniger als ein Vertrauensbruch. Jetzt schweigt es abrupt und verlässt wütend den Raum. Und Sie schütteln seufzend den Kopf – was hat dieses Kind nur dauernd?

Ordnung und Strenge

Wir werden uns daran gewöhnen müssen, dass unser Elterndasein – beim Lernen und auch sonst – mit Autorität verbunden ist. Anders geht es gar nicht! Denn ein noch so sorgfältig vorbereitetes Lernen wird gelegentlich öde und langweilig, jede noch so lebendige Übung ist irgendwann nur noch lästig – Disziplin und Selbstdisziplin erwerben Kinder nun einmal zuallererst im Zusammenleben mit ihren Eltern. Und bis zu einem gewissen Maß – das individuell unterschiedlich ist – können sie es auch lernen.

Und – was viel wichtiger ist! – sie wollen es auch.

Kein Lehrer und auch sonst kein professioneller Pädagoge oder Therapeut kann jemals einen so eindringlichen Einfluss auf ein Kind haben wie die Eltern. Beim Lernen haben wir gesehen, wie Eltern die Aufgaben sehr viel sinnvoller, persönlicher, auf das Kind bezogener durchführen als eine noch so engagierte Lehrkraft.

Kein Lehrer, professioneller Pädagoge oder Therapeut kann einen so eindringlichen Einfluss auf ein Kind haben wie die Eltern.

Eltern haben einfach ganz andere Voraussetzungen als etwa eine Lehrerin oder ein Lehrer in der Schule. Die Autorität des Lehrers wirkt insgeheim fast immer bedrohlich. Er ist die Verkörperung des Leistungsprinzips, Verkörperung einer ungewissen Zukunft, die mit jeder »Fünf« gefährdet scheint. Die Lehrerautorität erzeugt – unfreiwillig – Angst, weil sie dem Kind in gewisser Weise immer fremd, »äußerlich« bleibt. Auch schlechte Zensuren, unüberschaubare Leistungsvergleiche, sinnleeres Disziplinieren und Stillsitzen im Klassenzimmer machen Angst und sonst nichts.

Die Autorität der Eltern hingegen ist vertraut, sie ist konkret, sie ist innig verflochten mit dem Gesamt der Kindererinnerungen. Sie ist, mit anderen Worten, tief im Kinder-Ich verankert. Die Papa-Mama-Autorität ist eine ganz andere als die des Lehrers, wenn sie auf Liebe und Unvoreingenommenheit für das Kind beruht. Aber nur dann!

Die Autorität der Eltern ist vertraut, sie ist konkret, sie ist innig verflochten mit dem Gesamt der Kindererinnerungen.

Und so ist die »Strenge« von Eltern immer gleichzeitig Ermöglichung von Klarheit und Ordnung, also Stabilität. Ein Kind weiß das. Aber nicht vergessen: **erst** die Bindung, dann die Ordnung, **erst** die Liebe, dann das Befolgen.

Väter mit »guter Autorität«

Auffallend ist, dass viele Kinder, die unter AD(H)S-Symptomen leiden, ohne Väter aufwachsen oder eine frühe Trennung von ihren Vätern erfahren haben. Immer steht »Mama« im Zentrum, und oft fehlt der »starke und stärkende« Vater. Und manchmal ist er zwar noch »da«, wirkt aber wie eine abwesende oder flüchtige, jedenfalls schwache Figur im Drama der kindlichen Entwicklungen.

Diese Konstellation ist für alle Kinder fatal, für die kleinen Jungen ganz besonders. Und für unsere Kinder mit dem impulsiven Temperament oder den frühen Bindungsstörungen und anderen Belastungen gilt dies mehr als für alle anderen.

Womit das zu tun hat, lässt sich auf der Grundlage der bisherigen Ausführungen leicht erklären. Sind es doch oft die Väter, die – entwicklungspsychologisch gesehen – die Welt der Kinder ordnen, indem sie, wenn das Kleine noch ganz in der symbiotischen Beziehung zur Mutter verharrt, sozusagen »dazwischentreten« und die Welt in liebevoller Begegnung, im Spiel, in den zahllosen feinen Facetten der Kommunikationen auf ihre »männliche Art« strukturieren. Sie sind, wenn alles gut geht, in den ersten Lebensjahren ihres Kindes gleichsam ein »Fels in der Brandung«.

Väter sind in den ersten Lebensjahren ihres Kindes gleichsam ein »Fels in der Brandung«.

Neuere Forschungen belegen nachhaltig die Aufteilungen, die es zwischen der Bedeutung des Mütterlichen und des Väterlichen gibt.

Selbstverständlich ist auch hier wie immer im menschlichen Leben nichts ganz eindeutig. Mütter übernehmen auch »männliche« Anteile in der Erziehung und Prägung ihres Kindes, Väter auch »weibliche« Anteile. Aber ungeachtet dessen kommt der Unterscheidung (und auf deren Grundlage dann wiederum der Verknüpfung und Verschmelzung) der Geschlechter in den frühesten Entwicklungsphasen eines Kindes eine ganz hohe Bedeutung zu.

Vaterlosigkeit ist das Schicksal vieler hyperaktiver Kinder. Und vaterlos kann man auch in einer intakten Familie sein. »Wir brauchen mehr Zeit für unsere Kinder« ist der Slogan, der besonders von Familienpolitikern gerne beschworen wird, und der immer wieder an den stets steigenden Anforderungen der Berufswelt scheitert. Aber er trifft auch nicht wirklich zu. Hyperaktive Kinder brauchen nicht einfach »mehr« Zeit mit ihren Eltern, sie brauchen »qualitative Zeit« mit ihnen – besonders mit den Vätern.

Wie es gelingt: Erst in der Familie, dann in der Schule

Viele Eltern machen die Erfahrung, dass die Probleme, wenn sie sich zu Hause gebessert haben, in der Schule unverändert bleiben. Daraus lässt sich der folgende Schluss ziehen: Positive Erfahrungen »generalisieren« sich leider keineswegs von selbst. Man muss nachhelfen!

Die Veränderung des kindlichen Verhaltens zu Hause überträgt sich nicht einfach automatisch auf das Verhalten des Kindes in der Schule. Das ist eine weitere Schwierigkeit. In der Familie muss man den Weg natürlich trotzdem konsequent und vor allem: mit Geduld!, weiterverfolgen. Also jetzt bitte nicht auf den Gedanken verfallen: »Ich mache das alles nur, damit es in der Schule besser läuft.« Nein. Zuerst kommt das Kind, dann die Schule!

Zuerst kommt das Kind, dann die Schule!

Was zu Hause nicht läuft, wird in der Schule nie laufen. Also muss man die positive Bindung und den »guten Gehorsam« erst einmal zu Hause aufbauen. Es geht erst einmal darum, die Sicherheit und Stabilität eines »primären Ortes«, heißt: in der Familie, herzustellen. Darüber haben wir jetzt ausführlich gesprochen.

Wenn Ihnen, den Eltern, erst einmal gelungen ist, zu Hause eine positive Ordnung zu schaffen, dann haben Sie auch viel mehr seelische Kraft, sich um die Schulschwierigkeiten Ihres Kindes zu kümmern. Sie sind dann auch nicht mehr so diffus und konfus und mit Schuldgefühlen beladen und können dem/der Klassenlehrer/in mit einem gewissen Selbstbewusstsein gegenübertreten.

Gute Lehrerinnen gehen darauf ein. Ich habe solche Lehrerinnen in vielen Gesprächen kennengelernt. Schlechte Lehrerinnen gehen darauf nicht ein oder nur unwillig, dann haben Sie ein Problem.

Was folgt daraus. Dies: Wenn die Veränderung, die der Junge oder das Mädchen zu Hause geleistet hat, in der Schule immer wieder konterkariert wird, dann sollten Eltern auch hier konsequent sein. Sie haben geduldig und mit Ausdauer versucht, eine Verständigung mit der Schule zu erzielen, und sind wieder und wieder gescheitert? Mein Rat: Es macht wenig Sinn, gegen Wände zu rennen. Und dann? Nun ganz einfach, Ihr Kind wechselt die Schule.

Nein, »ganz einfach« ist das nicht. Für Sie nicht, Sie müssen sich ja – wenn eine private Schule nicht infrage kommt – zuerst mit den Lehrern der »alten« Schule verständigen und eine neue Schule finden, die Ihr Kind aufnimmt. Einfach ist das nicht, aber machbar. Und für den Kleinen oder die Kleine ist ein Schulwechsel eben auch eine seelische Herausforderung, und meist eine heftige Belastung.

Trotzdem: Ein solcher Schulwechsel ist, nachdem zu Hause das meiste in Ordnung gekommen ist, häufig der letzte Schritt, den man, sozusagen zur Befreiung des Kindes, noch gehen muss.

In der neuen Schule findet sich das Kind dann viel besser zurecht als in der alten. Denn es trägt ja auch das alte Stigma nicht mehr mit sich herum: »Der ist sowieso immer an allem schuld. Der ist ja immer nur am Stören, die träumt ja nur, usw.« Schulwechsel kann also ein durchaus sinnvoller Schritt sein, vor dem man nicht zu viel Angst haben darf, auch wenn das Kind sich zunächst dagegen wehrt.

Ein Schulwechsel ist häufig der letzte Schritt, den man, zur Befreiung des Kindes, noch gehen muss.

Aber die Reihenfolge »Erst zu Hause, dann in der Schule« muss eingehalten werden, umkehren kann man sie nicht. Und das bedeutet für die Eltern: sehr viel Geduld. Das kriegt man auch nicht jeden Tag hin, muss man auch nicht. Sind Ihnen die Nerven durchgegangen, nehmen Sie sich vor: Das sollte mir nicht allzu häufig passieren. Und danach sagen Sie sich, nun wieder ganz selbstbewusst (mit den letzen Sätzen des schönen, dicken Schmökers »Vom Winde verweht«): »Morgen ist einer neuer Tag« – morgen mache ich es richtig!

Die Reihenfolge »Erst zu Hause, dann in der Schule« muss eingehalten werden.

Was AD(H)S-Kinder besonders gut können

Neben den vielen kleinen und großen Hilfen, von denen wir einige zusammengetragen haben, sollten wir unbedingt und achtsam darauf schauen, was diese Kinder besonders gut können. Ja, was sie sogar besser können als andere Kinder.

Als Erstes fällt das Computerspiel auf. Diese sonst so unkonzentrierten Kinder verändern sich von einer Minute zur anderen, wenn sie sich vor einen Computer setzen und ihr Spiel aufrufen. Hier sind sie endlich einmal allen anderen Kindern ebenbürtig, oft sogar überlegen. Kein Wunder, alles was sehr schnell ist und visuell bewältigt wird, kommt ihnen entgegen. Das beherrschen sie. Sie sind dabei schlichtweg fixer als andere.

Die sonst so unkonzentrierten Kinder verändern sich von einer Minute zur anderen, wenn sie vor einem Computer sitzen und ihr Spiel aufrufen.

Endlich einmal kein Nachteil, sondern ein Vorteil für sie. Sie haben außerdem meist eine ganz besondere, neurophysiologisch ungeklärte Begabung, grafische Muster zu erschließen oder zusammenzufügen. Damit lösen sie in Strategie- und »Mystery-Spielen« manche Aufgabe ganz locker, an denen andere Kinder sich die Zähne ausbeißen. Durch Simulationsspiele – als Pilot im Flugzeug oder im Rennwagen – rasen sie reaktionsschnell durch Räume, dass man als erwachsener Zuschauer nur noch staunt. Manchmal wirkt es so, als sei diese virtuelle Welt ihre wirkliche seelische Heimat.

Auch Modellbaukästen, bei denen es darum geht, nach Bildvorlagen Einzelteile funktionssicher zusammenzufügen, erfordern dieselbe Art von Geschicklichkeit. Und wieder klappt es! Sonst stehen diese Kinder verwirrt und unglücklich vor ihren Aufgaben. Nur hier nicht. Sind die Teile im Baukasten gar mit Magneten ausgestattet, was immer häufiger der Fall ist, klickt jedes Teil-

chen problemlos an das andere, dann zeigen sie wiederum diese beeindruckende Schnelligkeit, und wir sehen, dass sie nicht immer nur ein Nachteil sein muss. Solch funktionales und fixes Handeln entspricht ganz offenkundig der Arbeitsweise ihres Gehirns und ihrer Psyche.

Wir werden immer wieder darauf gestoßen: Die visuellen und funktionalen Fähigkeiten dieser Kinder steigern sich enorm, wenn eine gewisse Geschwindigkeit des Agierens hinzukommt. Das gilt beispielsweise auch für ein Memory-Spiel. Visuelle Aufmerksamkeit! – da sind die ADSler anderen oft überlegen – und wie schnell das bei ihnen geht! Je schneller, desto genauer und sicherer. Achten Sie einmal darauf.

Solche Kompetenzen sollten Eltern nutzen. Ein kulturkritischer Satz wie »Lernen geht nicht mit dem Computer« hat sicher einige kluge und gute Argumente für sich. Aber diesen Kindern ist damit überhaupt nicht geholfen. Im Gegenteil. So raubt man ihnen mit grundsatztreuer Argumentation nur eine wichtige Lernchance, und eine Kontaktchance –, denn sobald es um Computer geht, werden die oft einsamen AD(H)S-Kinder nämlich von anderen gezielt aufgesucht. Sie haben einfach diese Begabung, die vertracktesten kleinen Probleme, die die digitalen Geräte und ihre überkomplexen Funktionen aufweisen, fast intuitiv zu lösen. Das bringt ihnen soziale Anerkennung ein. Wie wichtig das für diese oft recht einsamen Kinder ist!

Leider trifft auch dies nicht für alle AD(H)Sler zu – wir haben ja gesehen, welch unterschiedliche seelische Verfassungen unter diesem Etikett summiert werden. Aber eben auf die meisten.

Zeit und Raum sind diesen Kindern immer ein wenig fremd geblieben, die normative Ordnung der Dinge erfassen sie nur begrenzt. Im Computer ist es nun so, dass Zeit und Raum auf dem Monitor gar nicht dargestellt werden können, dort sind sie wie ausgelöscht. Also agiert das kleine hyperaktive Gehirn endlich einmal wie befreit, eilt von einem Einfall zum nächsten. Die widerständige Ordnung der Welt ist wenigstens im Computer zurückgewichen, die Schwerkraft der Dinge ist etwas aufgehoben. Jetzt agiert ein AD(H)S-Kind, als sei es von einer großen Last erlöst.

Spiel mir was vor! Wie gut sie das machen

In aller Regel haben diese Kinder auch performative Begabungen, d.h., sie sind hervorragende Schauspieler und spielen gerne Theater. Zum einen hat dies etwas damit zu tun, dass beim Theaterspielen immer etwas »los« ist. Bewegung, manchmal auch Krach und Unruhe, Chaos und Verwirrung sind auf der Bühne erwünscht! Hier geht es nicht immer stur von links nach rechts und von oben nach unten wie beim Schreiben und Lesen. Hier muss manchmal auch alles durcheinandergehen. Kreatives Chaos – da fühlen sie sich sicher.

Dass sie gern eine Rolle übernehmen, geht aus all dem hervor, was wir schon mehrmals festgestellt haben: Es fließt ja alles in sie rein, ihre inneren Turbulenzen formen sich weniger als bei anderen Kindern zu einem stabilen »Selbst«. Also ist es für sie einfach, eine neue »Rolle« anzunehmen, ihr altes Selbst ein Stück weit abzustreifen, sich dabei zu verändern und ein anderes Selbst überzuziehen.

»Das ist ja wunderbar, ich klebe nicht mehr so unauflöslich an dieser einen Person, die mir oft eh nicht gefällt.« Das ganz Andere, Entgrenzte oder mindestens das Grenzübertretende, der frische »Atem« eines guten Schauspiels entspricht ihrer psychischen Verfassung.

Aber gleichzeitig brauchen sie einen Regisseur, der weiß, was er will – womit wir wieder bei der »Ordnung der Dinge« und der »guten Autorität« sind. Sie brauchen einen Leiter in ihrer Theater-AG, der ihnen alle Anweisungen mit großer Bestimmtheit gibt. Die Kinder respektieren das! Der Regisseur darf unserem kleinen Schauspieler sogar Sätze wie diesen sagen: »Du musst üben. Du musst das lernen, sonst klappt das nicht« – Sätze also, die ein AD(H)S-Kind sonst schier wahnsinnig machen.

Wieder gilt: Erst die Bindung (hier das wunderbare Angebot des Theaterspielens), dann die Autorität. Auf der Probebühne eines Theaters, wo die Realität einen so beglückend schwindenden und flüchtigen Charakter hat, gilt diese Formel ganz besonders.

Er muss natürlich von dem Kind respektiert werden, dieser Theaterleiter. Egal, ob es sich um einen Lehrer oder Leiter einer Laienspielgruppe handelt. Dann folgt es seinen Anweisungen gehorsam wie ein Lamm: »Du gehst von dort nach hier. Jetzt bleib stehen. Und jetzt dein Text! Ja, toll, so ist es gut. Wunderbar, das wird eine super Vorstellung.« Das Kind bewegt sich hochkonzentriert und gehorsam in solch einer spielerischen Ordnung, die ihm keine Angst macht.

Auch das gemeinsame Erarbeiten einer Musik- und Tanzvorstellung kann ähnlich positive Ergebnisse haben. Der bekannte Film »Rhythm is it« zeigt das in unnachahmlicher Weise. Hier sind es ältere Schüler, die meisten zwischen 12 und 17 Jahren, die der bestimmenden Autorität des Choreografen folgen, um zuletzt vor einem begeisterten Publikum eine fantastische Tanzvorstellung darzubieten. Auch in diesem Film geht es streng zu, es werden klare Anweisungen gegeben, es muss ausdauernd geübt werden. Aber selbst die Wildesten unter den Schülern – die mit der negativsten ärztlichen Prognose! – machen begeistert mit.

Mit Unterordnung hat das alles nicht das Geringste zu tun, aber viel mit Emotion und positiver Bindung.

Auf kalte Autorität hingegen reagieren die Kinder verstört. Damit stößt man sie nur immer tiefer in ihre Verhaltensstörungen – das ist wie eine Spirale, die sich immer schneller nach unten dreht! Daraufhin folgen oft noch weitere, schlimmere Probleme, vor denen Eltern zu Recht Angst haben. Zum Beispiel übermäßiger Alkoholkonsum bis hin zum Koma-Saufen, eine Tendenz dazu, in halbkriminellen Gruppen mitzulaufen, Cannabis und andere Rauschmittel sind ebenso eine permanente Gefährdung, der die AD(H)S-Kinder unterliegen.

Zusammenfassung

Weil das Kind mit seinen inneren und äußeren Turbulenzen in einer völlig ungeordneten Welt lebt, müssen wir ihm positive Bindung anbieten und eine starke präsente Autorität. Faustformel ist dabei: Erst kommt die Liebe, dann die Ordnung!

> Eltern genießen hinsichtlich von »Ordnung und Strenge« das Vertrauen ihrer Kinder – besonders, wenn sie gute Vorbilder sind.

> Besonders die AD(H)S-Kinder brauchen »qualitative Zeit« mit ihren Vätern.

> Die Probleme müssen immer zuerst in der Familie gelöst werden, dann in der Schule. Verhält die Schule sich nicht kooperativ, sollte sie gewechselt werden.

> Würdigen Sie, was Ihre Kinder können: Es ist eine ganze Menge.

7
8
9
eight
12
13
14
15
fourteen
20
30
thirty

Professionelle Therapie

Begleitende professionelle Therapie hilft besonders, wenn sie die individuelle Lebensgeschichte des Kindes in Zusammenhang mit seinen Verhaltensauffälligkeiten bringt.

Sicher gibt es Umstände, unter denen Eltern sich nicht mehr zutrauen, ihrem Kind allein helfen zu können. Dennoch sollte aus unseren Überlegungen bis hierher deutlich geworden sein, wie wichtig die Eltern auch dabei sind.

Eltern haben geradezu eine Spürnase für die Sorgen und Ängste ihres Kindes, und anders als der klügste und gutwilligste Kinderpsychologe, Pädagoge oder Therapeut haben Mama und Papa mehr als nur ein Bild von ihrem Kind im Kopf. Keiner kennt die Schwächen, aber auch die Stärken ihres Kindes so genau und intuitiv sicher wie sie. Nichts davon lässt sich an einen »Experten delegieren«.

Keiner kennt die Schwächen, aber auch die Stärken ihres Kindes so genau und intuitiv sicher wie die Eltern.

Aber die Prognosen sind bei einer schweren Aufmerksamkeitsstörung erheblich positiver, wenn die elterlichen Bemühungen von einem kompetenten Psychologen/Therapeuten begleitet werden.

Eltern von ADS-Kindern sollten immer Augen und Ohren offen halten, ob es in erreichbarer Nähe gute und kompetente psychologische Hilfe gibt. Sie sollten sie, wenn notwendig, unbedingt aufsuchen, nur eben nicht, um ihre Verantwortung abzugeben, sondern um sich, im Gegenteil, in ihrer elterlichen Verantwortung bestärken zu lassen.

Manchmal gelingt eine Therapie auch über einen Umweg. Damit meine ich Folgendes: Ich habe in meiner Arbeit mehr als einmal beobachtet, dass frühkindlich traumatisierte Mütter – Mütter mit einer schwierigen eigenen Kindheit – oft hyperaktive Kinder haben. Was macht es für einen Sinn, ihnen angesichts ihrer belasteten Biografie in moralisierendem Tonfall zu sagen: »Nun seien Sie mal liebevoll mit Ihrem Kind«? Damit erhöht man ja allenfalls ihre Schuldgefühle, zu denen sie meist ohnehin neigen.

Solche Mütter brauchen ihrerseits Hilfe, therapeutische oder beratende Betreuung. Mitunter ist die positive Weiterentwicklung der Mutter die größte Lebenschance für ihr Kind.

Aber aufgepasst! Wir dürfen auf gar keinen Fall in ein voreiliges »Aha, die Eltern sind schuld«-Denken verfallen. Niemand ist »schuld«. Die »Schuldfrage«, die gerade Mütter oft bewegt, ist sinnlos und trifft die seelischen Wirklichkeiten nie. **Keiner ist schuld, aber alle sind beteiligt!** Mutter und Vater ganz zentral. Im Guten, im weniger Guten.

Wir dürfen auf gar keinen Fall in ein voreiliges »Aha, die Eltern sind schuld«-Denken verfallen.

Wir haben gesehen, wie schwierig, wie komplex und wie konfliktbehaftet kindliche Entwicklungen sein können. Gerade bei AD(H)S-Kindern hat man manchmal das Gefühl, dass sich irgendeine geheime Kraft gegen sie verschworen habe. Nicht nur eine Störung zeigt sich während ihrer Entwicklung, und zwar meist in diesen prägenden ersten Monaten und Jahren, nein, dann kommt noch ein Todesfall hinzu, der geliebte Großvater ist plötzlich nicht mehr »da« oder Mama und Papa trennen sich im Streit, davor lagen oft Probleme in der Schwangerschaft oder während der Geburt – manchmal erscheint die Summe der Ereignisse, die eine gute Entwicklung behindern, wie ein böser Traum. Und immer wieder fragen sich die Eltern: Sind wir an allem schuld?

Aber die Schuldfrage hilft nun wirklich nicht weiter. Sie führt möglicherweise sogar dazu, dass Eltern, seelisch überfordert, Probleme einfach nicht sehen wollen oder viel zu spät realisieren. Die Angst davor, »etwas falsch gemacht« zu haben, verstellt ihnen die rechtzeitige Einsicht. Also weg mit den Schuldgefühlen, damit ist der Weg bereitet für eine empfindsame, aber selbstbewusste Wahrnehmung kindlicher Defizite und Entwicklungsstörungen.

Die Schuldfrage hilft nicht weiter.

Ritalin und Co.

Aus all dem, was Sie bereits gelesen haben, geht schon hervor, dass Ritalin nicht das Mittel der Wahl ist, eine AD(H)S-Störung bei ihrem Kind zu »beheben«. Zunächst: Das Mittel bekämpft bekanntlich nur die Symptome und nicht die Ursachen, die auch oder teilweise neurologisch und gehirnphysiologisch bedingt sein können.

Aber auch hier verbietet sich – wie bei jeder schwierigen Thematik – jeder Dogmatismus. Psychopharmaka wie Ritalin, Medikinet oder Strattera werden eindeutig viel zu oft und häufig unbedacht verschrieben. Das muss klar und so öffentlich wie möglich kritisiert werden – Eltern müssen das wissen.

Psychopharmaka werden viel zu oft und häufig unbedacht verschrieben.

Auf der anderen Seite gibt es Kinder, bei denen man schon am Anfang einer therapeutischen Betreuung spürt, dass der Kontakt zu ihnen zwar gelingt, aber sehr, sehr oberflächlich bleibt. Kaum sind die Kleinen mit Mama oder Papa aus der Tür, ist alles vorher Verabredete wie ausgelöscht. Ihre Kontaktaufnahme verläuft oft äußerst bereitwillig, aber davon darf man sich nicht täuschen lassen. Ihre Offenheit ist keineswegs gespielt, ihre Zuneigung auch nicht – sie wird nur, wie wir schon in anderen Bereichen gesehen haben, seelisch nicht »verankert«. Sie bewegt sich auf einer ständig bewegten, brodelnden psychischen Oberfläche. Eltern berichten aus der Familie genau dasselbe.

Methylphenidate, also Ritalin oder Medikinet, für eine begrenzte Zeit und in möglichst geringer Dosierung – manchmal kommt man nicht drum herum. Aber jetzt sind Behutsamkeit und Vorsicht angesagt. Ich kenne Familien, in denen wird, wenn die Oma zu Besuch kommt, noch mal fix eine 10-mg-Tablette eingeworfen, damit das Kind »sich anständig benimmt«. Das ist pure

Verantwortungslosigkeit, kein Arzt würde dazu raten, ein Therapeut schon mal gar nicht.

Ich sage auch: Anders, als es viele Ärzte empfehlen, sollte das Medikament ausgesetzt werden, wann immer es möglich erscheint, vorwiegend an Sonn- und Feiertagen oder in den Ferien.

An solchen Tagen geht es ja ohnehin ruhiger zu, der Alltag wirkt beschaulicher, stiller, das färbt auf unser empfindsames AD(H)S-Kind positiv ab. Der Druck der Schule ist auch für eine kurze Zeit von ihm genommen – das macht oft einen gewaltigen Unterschied, woran man die Macht dieses schulischen Drucks ablesen kann. In jedem Fall gilt, dass diese Kinder höchst empfindsam auch für atmosphärische, unbewusste Strömungen in ihrer Umwelt sind, in jedem Fall sind sie sehr beeinflussbar und können sich diesem Einfluss von außen weder im Positiven noch im Negativen entziehen, in fast jedem Fall verstärkt der Leistungsdruck der Schule die Symptome.

Also absetzen, wann immer es möglich ist, so gering dosieren, wie immer es möglich ist, und eine zeitliche Begrenzung festsetzen. Ich sage den Eltern: »Nach einem halben Jahr schauen wir, ob wir das Medikament wirklich noch brauchen; wenn wir es brauchen, sollten wir unsere Anstrengungen vermehren, wir haben es noch nicht so richtig gut gemacht.«

Wenn wir es brauchen, sollten wir unsere Anstrengungen vermehren, da wir es noch nicht so richtig gut gemacht haben.

Im Übrigen sollten Eltern wissen – und erfahren es in kinderpsychiatrischen Praxen, aber auch in vielen Beratungsstellen nicht –, dass die langfristige Wirksamkeit der handelsüblichen Medikamente wissenschaftlich sehr umstritten ist. Insofern gilt mein »Nein« energisch für eine Langzeitmedikation. Langzeitmedikation ist aus mehreren Gründen problematisch: Ritalin oder Medikinet erzeugen in sehr vielen Fällen aufgrund ihrer Nebenwirkungen zusätzliche emotionale Instabilität. Auch Schlafstörungen verschlimmern sich häufig.

Das Wichtigste aber: Ritalin und ähnlich wirkende Medikamente sind kontraproduktiv bei dem, was Eltern und Betreuer anstreben – nämlich durch Bindung und Ordnung das Selbst zu stabilisieren. Bei Ritalin verändert sich ca. 40 Minuten nach Einnahme das Verhalten des Kindes. Danach dauert es etwa vier bis viereinhalb Stunden – und das ursprüngliche Verhalten bricht wieder auf. Ein solches Kind kann keine seelische Stabilität erwerben. Es lernt sich ja sozusagen nur unter dem Einfluss des Medikaments kennen.

Ritalin und ähnlich wirkende Medikamente sind kontraproduktiv bei dem, was Eltern und Betreuer anstreben.

Dennoch kann ein Medikament in besonders schwierigen Fällen erst die Voraussetzungen dafür schaffen, dass das Kind wieder positive Bindungen aufnehmen kann, dass es sich also im Rahmen verlässlicher Beziehungen zu Eltern und Betreuer/Therapeuten wieder selbst wahrnimmt. Dabei sollten Eltern alle zwei Monate überprüfen, ob es wieder abgesetzt werden kann. Warum? An der Dramatik seines Verhaltens hat sich ja nichts geändert. Wenn ich eine Zahnwurzelentzündung habe und nehme einen ordentlichen Packen Schmerztabletten, sind die Schmerzen auch weg – aber die Entzündung nicht. Möglicherweise hat sie sich unter der verdeckenden Schmerzbetäubung sogar verschlimmert.

Dasselbe gilt für die familiären Beziehungen. Nach wie vor steht das Problem des Kindes im Vordergrund. Zumindest sollte es so sein, auch wenn ich die Belastung, die tägliche, die Eltern dabei durchstehen müssen, weiß Gott nicht gering einschätze. Aber eine Alternative gibt es nicht. Dem Kind ist das Absetzen – erst versuchsweise, dann endgültig! – ohnehin recht. Viele Kinder fühlen sich durch die Dauermedikation stigmatisiert, vor sich

selber – »Was ist denn so schlimm an mir?« – und möglicherweise vor seinen Freunden auch.

Kinder wollen eigentlich keine Psychopharmaka schlucken. Diese Tabletten, die ihren Geist und ihre Körperbewegungen verändern, sind ihnen unheimlich. Und sie haben ganz recht damit. Bis heute weiß niemand genau, wie Ritalin oder ein anderes Methylphenidat im kindlichen Nervensystem und in den verschiedenen Gehirnarealen wirkt. Freilich werden Kinder früher oder später gefügig, oft ist dieser Gehorsam mit Resignation verbunden. Manche sagen dann übereifrig: »Wenn ich mein Medikament nicht bekomme, dann kann ich mich auch nicht konzentrieren.«

Kinder wollen eigentlich keine Psychopharmaka schlucken. Und sie haben ganz recht damit.

Spätestens jetzt sollten Eltern – und Ärzte auch – verstehen, dass die Betreuung gründlich schiefgelaufen ist. Ein Kind, das seinen Tabletten mehr Kraft zutraut als sich selber, hat sich in gewisser Weise aufgegeben.

Es gibt fast in jeder größeren Stadt ein oder zwei Kinderärzte oder Kinder- und Jugendpsychiater, von denen sich unter betroffenen Eltern herumspricht, dass sie ohne viel Nachfragen und umständliche/komplexe Diagnostik Methylphenidate oder Amphetamine verschreiben. Solche Praxen sind überlaufen. Unverständlich ist das nicht. Bei vielen Eltern stellt sich erst einmal Erleichterung ein – falls die Medizin wirkt, was nicht immer der Fall ist, manchmal wirkt sie auch in nicht erwünschter Weise.

Viele Kinder werden ja auch tatsächlich ruhiger. Aber um welchen Preis? Ich höre oft von liebevollen Eltern, die sich trotz ihrer Bedenken zu einer Medikation durchgerungen haben (Angst vor dem Schulversagen des Kindes ist der häufigste Grund): »Er ist zwar ruhiger geworden, sogar seine Schrift ist gleichmäßiger – aber irgendwie ist das nicht mehr unser Kind, so müde, so abwesend, so resigniert. Das war auf einmal ein ganz anderer Junge. Wir wollen das nicht mehr.«

Wenn Eltern so reden, liebevoll und trotzdem ratlos, dann richtet sich gleichwohl etwas in mir auf, eine Hoffnung: »Gemeinsam werden wir dem Kind helfen.« Ich weiß aber: Einfach wird das nicht. Jedenfalls nicht immer. »Aber wir kriegen das hin.« Und in der Regel ist das auch so. Also, noch einmal: Wirklich helfen können nur die Eltern, für ein Psychopharmaka gibt es eigentlich nur eine vernünftige Begründung: Es kann manchmal die Voraussetzungen dafür unterstützen, dass Eltern den Mut und die Liebe zu ihrem Kind – überfordert, wie sie sind – nicht verlieren.

Zusammenfassung

Begleitende Therapie ist hilfreich, kann und darf die bedeutende Rolle der Eltern aber niemals ganz ersetzen.

> Psychopharmaka wie Ritalin oder Medikinet sollten nur in Ausnahmefällen und bei schweren Symptomen verschrieben werden, vor allem, wenn es dem Kind nur schwer gelingt, wirklichen Kontakt zu seinen Eltern herzustellen.

> Nimmt ein Kind Ritalin oder ein ähnliches Präparat, sollte es an »ruhigen Tagen« (wie Wochenende, Ferien) immer wieder abgesetzt werden.

> Von einer Langzeitmedikation muss bei bisherigem Stand des Wissens über die Nebenwirkungen abgeraten werden.

> Psychopharmaka dürfen niemals eingesetzt werden, um das Kind in bestimmten Situationen »brav« zu machen. Auch die Schule hat kein Recht, Sie zur Vergabe von Psychopharmaka an Ihr Kind anzuhalten.

Statt eines Nachwortes: Nur Eltern können wirklich helfen

Erziehung nistet in den Falten des Alltags, in den gemeinsamen Stunden am Abendbrottisch, beim Aufstehen, bei den Hausaufgaben und beim Zähneputzen – überall dort liegt ihre unersetzliche Wirksamkeit.

Dass nur die Eltern wirklich helfen, auch wenn professionelle Hilfe nützlich ist, durchzieht dieses Buch wie ein roter Faden. Es ist der Lehrsatz, an dem Sie alles, was Sie mit Ihrem Kind unternehmen, orientieren sollten. Sie, Mutter und Vater, Mama und

Papa bewirken tiefste Emotion, Orientierung und Schutz für Ihr aufmerksamkeitsschwaches, unruhiges Kinder. Hilfe kommt von Ihnen, den Eltern – manchmal mit, manchmal ohne professionelle Unterstützung –, oder sie bleibt aus.

Die gute Nachricht dieses Buches ist, dass Eltern wirklich helfen können. Ändert sich das Verhältnis zwischen Mama und Papa und Kind, dann ändern sich viele, ja die meisten Verhaltensstörungen auch. Und auf längere Sicht verschwinden, versickern sie ganz. Erst zu Hause, dann auch in der Schule.

Sogenannte »AD(H)S-Kinder« sind Kinder, die eine ganz besonders starke, sichere und liebevolle Bindung brauchen. Alles beginnt mit einem Blick, der das Kind umhüllt und der ihm das Gefühl gibt: Du wirst geliebt, du bist willkommen in dieser Welt! Du bist bei deinen Namen gerufen, wir sind für dich da. Wir nehmen dich an, wie du bist, und wir machen uns gemeinsam auf einen Weg, der dir guttut.

Diese Kinder haben ein tiefes Verlangen nach einem Zuhause, nach Sesshaftigkeit. Sie mögen beständige und verlässliche Menschen, sie brauchen einen festen Halt, damit sich ihre chaotische Welt ordnen kann. AD(H)S-Kinder sind intelligente Kinder, das wird oft übersehen, weil ihre Begabungen in dem unaufhörlichen Trubel, den sie meist verursachen, geradezu untergehen. AD(H)S-Kinder sind auch fast immer sehr sorgsame, liebevolle Kinder. Auch das versackt in Dauerstress und dem ewigen Ärger, den sie gar nicht wollten und doch hervorrufen. AD(H)S-Kinder sind oft sehr unglücklich, oft sehr traurig und manchmal ganz allein. Eltern können ihnen helfen mit ihrer »natürlichen« Elternliebe und – nicht zuletzt – weil auch sie von ihrem schwierigen Kind vorbehaltlos geliebt werden. Darauf können sie sich verlassen!

Impressum

Umschlagkonzept und -gestaltung; Innenlayout
Büro Hamburg, Anja Grimm

Satz und Herstellung
Nancy Püschel

Herausgeber
Bernhard Schön

Druck und Bindung
Beltz Druckpartner, Hemsbach

1. Auflage 2010
ISBN 978-3-407-22504-7

Bildnachweis
Umschlagabbildung; S. 1: ©Brand New Images/Getty Images
S. 3: © plainpicture/Uwe Nölke
S. 6: © plainpicture/John Birdsall
S. 11: © plainpicture/Jasmin Sander
S. 15, 61, 77, 89, 92, 102, 110, 127: © Luigi Toscano
S. 20: © plainpicture/Nina Steul
S. 28: © plainpicture/Siegfried Kuttig
S. 31: © plainpicture/Erickson
S. 34: © plainpicture/Folio Images
S. 42: © mauritus images/André Pöhlmann
S. 47, 54: © plainpicture/Fancy
S. 51: © plainpicture/wildcard
S. 59: © plainpicture/Martin Langer
S. 66: © mauritius images/Image Source
S. 72: © plainpicture/Westend61
S. 83: Getty images/Justin Pumfrey
S. 105: © mauritius images/Matthias Tunger
S. 108: © mauritius images/Photo Alto
S. 115: © mauritius images/Heidi Velten
S. 118: © mauritius images/Nordic Photos
S. 122: © plainpicture/beyond
S.132: © plainpicture/Cultura
S. 139: © mauritius images/Radius Images
S. 142: © plainpicture/Design Pics

Quellennachweis
S. 17/18: Manfred Döpfner et al. Therapieprogramm für Kinder mit hyperkinetischen und oppositionellen Problemverhalten – THOP. Weinheim und Basel: Beltz 2007.

In Zusammenarbeit mit:

Eltern

Eltern family

Deutsche Liga für das Kind in Familie und Gesellschaft

Initiative gegen frühkindliche Deprivation e.V.